D1728617

Haie kamen mit der Flut

Reidar Brodtkorb

Haie kamen mit der Flut

Verlagsbuchhandlung
Julius Breitschopf
Wien · München · Zürich

Einband von Ferdinand K e s s l e r
Übersetzt aus dem Norwegischen
von Gertrud R u k s c h c i o
Titel der Originalausgabe:
HAIENE GIKK OPP MED TIDEVANNET

ISBN 3-7004-1022-0

Nach Punto Campo kommt Besuch

Alles fing damit an, daß Patrick, der irische Priester, am anderen Flußufer stand und zu uns herüberwinkte. Patrick sieht nicht so aus, wie man sich einen Geistlichen vorstellt. Mutter sagt immer, er gleicht mehr einem Filmstar. Schon, daß er immer in Shorts geht. Die anderen katholischen Priester, die ich gesehen habe, tragen ein langes, schwarzes Gewand, die Soutane. Patrick ist achtundzwanzig, also nicht mehr ganz jung, aber ausgesprochen alt auch noch nicht. Ich möchte wissen, ob er die Soutane trägt, wenn er oben in der Missionsstation ist. Ich denke schon.
„Bitte Toto, daß er hinüberpaddelt und Patrick holt", sagte Vater. „Nein, John, mach lieber du es." John ist der jüngere meiner Brüder, eben achtzehn geworden, also zweieinhalb Jahre älter als ich. Toto ist einer unserer Boys.
John lief das kurze Sandstück hinunter zum Fluß, wo damals die Kanus lagen.
„Ich komme mit!" sagte ich und setzte ihm nach.
John wandte sich nicht einmal um. Doch die Mutter rief aus dem Laden, ich solle hierbleiben. Sie hat es nicht gern, wenn ich mit den Jungen in den kleinen Kanus fahre, die so leicht umkippen. Denn es kann schon sein, daß mit der Flut Haie den Fluß hinaufkommen.
„Sicher fressen Haie genauso gern Jungen wie Mädchen", pflegte ich dann der Mutter zu sagen, doch darauf gab sie mir nie eine Antwort. Ich weiß schon, sie denkt, die Jungen schwimmen besser als ich, aber da hat sie unrecht. Falls es wirklich ein Unglück gäbe, wäre ich sicher schneller an Land als John oder Mikael.
„Patrick ist ohne Ajax gekommen", rief Mikael. „Zum erstenmal hat er ihn nicht mit."

„Schön, dann brauchen wir wenigstens Bob und Arthy nicht anzubinden", meinte Mutter zufrieden.

Bob und Arty sind unsere Irish Terriers. Wenn sie einen fremden Hund sehen, geraten sie vor Zorn außer sich. Das heißt, die ausgemergelten Köter der Eingeborenen lassen sie gelten, doch wenn ein Weißer mit Jagdhunden kommt, gibt es sofort eine Riesenrauferei. Besonders haßten sie Patricks Ajax und stürzten sich sofort auf ihn, obwohl er ein großer Schäferhund war, der sie mit einmal Zubeißen hätte erledigen können.

Es war ganz früh am Morgen, und die Flut hatte noch nicht eingesetzt. Im Fluß herrschte kaum Strömung. Hier an der Mündung ist er sehr breit, bis zum anderen Ufer sollen es mehr als zweihundert Meter sein.

„Fluß ist ein falscher Ausdruck", sagt mein Vater. „Das ist ein Strom."

Damit hat er sicher recht. Unser Fluß ist einer der zahllosen afrikanischen Ströme, die durch den Regenwald zur Westküste fließen, an der Punto Campo liegt. Viele dieser Ströme sind noch nicht zur Gänze vermessen. Von unserem zum Beispiel weiß man gerade noch, wo er entspringt.

Und hier bei Punto Campo mündet er. Knapp einen Kilometer flußabwärts versperrt ihm eine Sandbank den Weg. Davor liegt eine zweite, die man nur bei Ebbe sieht. Dort hinauf kriechen manchmal Krokodile und lassen es sich in der Sonne gut gehen.

Ich blieb also am Ufer stehen und starrte John nach, der hinüberpaddelte, um Patrick zu holen. Das ging ziemlich langsam. Zeitig am Morgen, vor dem Frühstück, ist John ganz schön faul. Ich sah, wie er dem Priester die Hand schüttelte. Sie blieben eine Weile am Ufer stehen und sprachen. Dann ging alles plötzlich ganz schnell. Sie sprangen ins Boot, und John paddelte, als ginge es ums Leben.

„Jesus, da ist etwas los", meinten Vicente und Ocombo, unsere beiden Küchenboys, die auch auf den Fluß hinausschauten. „Muß etwas passiert sein, daß Master John so paddelt."

„Steht nicht herum und haltet Maulaffen feil, kommt herein und helft mir", rief die Köchin aus der Küche. „Seht ihr nicht, daß Gäste kommen?"

Die Boys liefen in die Küche, steckten aber gleich wieder den Kopf heraus, um zuzusehen, wie das Kanu landete. Im Laden waren nur ganz wenige Kunden, aber doch so viele, daß es eine Weile dauerte, ehe Mutter sie bedient hatte und herauskommen konnte. Vater war hinterm Haus und mit den Broten beschäftigt. Wir backen nämlich jeden Tag hundert kleine Brote, genau die Menge, die für die Garnison und uns selbst reicht, doch bleiben immer ein paar übrig, die wir an die Eingeborenen verkaufen. Es klingt vielleicht merkwürdig, wenn ich es so ausdrücke, denn die Soldaten sind auch Eingeborene, sogar ihr Kommandant ist einer. Früher gab es einen weißen Kommandanten, aber das ist so lange her, daß ich mich kaum daran erinnern kann.

John brauchte nur ein paar Minuten herüber. Die beiden sprangen heraus und zogen das Kanu an Land. Ich lief ihnen entgegen. „Hallo, Patrick!" begrüßte ich ihn.

Zur Antwort winkte Patrick mir nur zu. Er hielt den Kopf so tief gesenkt, daß ihm der schwarze Haarschopf in die Stirn fiel. Sonst machte er immer Späße. Diesmal nicht, obwohl ich einfach seine Hand nahm und ihn willkommen hieß.

Da mußte wirklich etwas Schreckliches geschehen sein.

Patrick fragte sofort nach Vater, und als er hörte, Vater sei in der Bäckerei, ging er mit schnellen Schritten hin. Gerade, daß er Mutter und Mikael auf dem Weg durch den Laden die Hand gab.

Aufstand ...

Pat blieb lange in der Bäckerei. John und Mikael waren ebenfalls geholt worden. Ich wollte auch hingehen, doch Mutter ordnete an, ich sollte auf den Laden aufpassen, und überließ es mir, den Negern Trockenmilch und Sardinen zu verkaufen. Als ich den letzten Käufer abgefertigt hatte, sagte ich, jetzt müßten alle den Laden verlassen, denn das Geschäft würde zugesperrt, während wir frühstückten.

Wir nahmen unsere Mahlzeiten immer auf dem betonierten Platz hinter dem Haus ein. Am Vormittag war dort Schatten von dem großen Brotfruchtbaum. Kein Baum gibt solch herrlichen Schatten wie ein Brotfruchtbaum, denn seine Blätter sind groß und wachsen dicht.

Toto war dabei, den Tisch zu decken.

„Bitte, hilf mir, Maryann", sagte er. „Ich werde allein nicht fertig."

Ich wäre lieber in die Bäckerei gelaufen und hätte zugehört, worum das Gespräch ging, aber ich sah ein, daß ich bleiben und Toto helfen mußte. Kaum war der Tisch gedeckt, da kamen sie schon alle. Vater und die Jungen machten ein ganz ernstes Gesicht, und Mutter sah aus, als sei sie den Tränen nahe. Pat wirkte vor Müdigkeit ganz verfallen. Zum erstenmal sah ich ihn unrasiert. Bartstoppeln, mindestens vier Tage alt, bedeckten sein Gesicht und wuchsen ihm bis auf den Hals hinunter. Trotzdem sah er immer noch aus wie ein Filmstar: es gibt Filme, wo die Helden sich aus irgendeinem heldenmäßigen Grund entsetzlich schinden müssen und große Taten verrichten, ohne sich pflegen zu können.

„Möchtest du nicht vor dem Essen baden, Pat?" fragte Mutter.

Wir nennen ihn immer nur Pat. Bei jemandem, der immer so voll von Späßen und witzigen Einfällen steckt, wäre es unnatürlich gewesen, seinen vollen Namen, Patrick, zu verwenden, ganz zu schweigen von „Pater Patrick" oder „Padre", wie ihn die Eingeborenen rund um die Missionsstation nennen.

„Dringender brauchte ich etwas zu essen", erwiderte Pat, und in seinen Augen lag ein Abglanz seiner sonstigen Schelmerei. „Nachher nehme ich ein Bad und schlafe ein paar Stunden."

„Wann hast du die Station verlassen?" erkundigte sich Mutter.

„Montag früh in der Morgendämmerung machte ich mich auf den Weg", sagte Pat. „Seitdem bin ich eigentlich die ganze Zeit marschiert. Nachts schlief ich in einem Dorf."

„Und heute ist Donnerstag!" rief die Mutter. „Du Armer, da mußt du ja völlig erschöpft sein."

Pat zuckte die Achseln und stürzte sich aufs Essen, doch viel aß er eigentlich nicht. Aber er trank mehrere Tassen Kaffee. „Ich war mehr durstig als hungrig", entschuldigte er sich, als ihn Mutter zum Essen nötigte. Natürlich hätte ich brennend gern gewußt, was im Norden bei der katholischen Missionsstation vorgefallen war. Aus dem Gespräch ließ sich nicht viel entnehmen, und wenn ich fragte, erhielt ich eine ausweichende Antwort. Überhaupt wurde bei Tisch wenig gesprochen. Als wir aufstanden, und Mutter mit Pat ins Haus ging, um ihm zu zeigen, wo er schlafen sollte, folgte ich John ins Lagerhaus, in dem die Kokosnüsse zuhauf lagen.

„Warum hat Pat diesmal Ajax nicht mit?" fragte ich.

„Weil diese Teufel ihn erschossen haben", knurrte John und trat wütend nach einer Kokosnuß.

„Welche Teufel?"

„Ja, hast du denn nichts begriffen?" fauchte John mich an und begann, Nüsse einzuschaufeln.

„Mir hat ja niemand etwas erzählt", erwiderte ich gekränkt. „Nun sag du mir wenigstens etwas."

John setzte sich auf den Nußhaufen und zündete sich eine Zigarette an.

„Dort oben herrscht richtiger Krieg", begann er. „Die Eingeborenen haben einen Aufstand angezettelt."

„Gegen die Station?"

„Blödsinn. Gegen die Regierung natürlich. Dort im Norden ist so ein Kerl, der hat ein ganzes Heer Aufrührer um sich versammelt. Jemand hat ihnen Waffen verkauft, und jetzt morden sie, was das Zeug hält. Es sollen ein paar Tausend sein, und sie bewegen sich in Richtung Küste. Bald werden sie die ganze Regierung abgesetzt oder umgebracht haben. Wer regierungstreu bleibt, wird erschossen oder mit der Machete niedergemacht. Vergangenen Samstag kam so eine Bande in die Mission und verlangte Einlaß, um nach Regierungsanhängern zu suchen. Die alten Priester stellten sich ins Tor und verweigerten den Zutritt. Sie konnten die Aufrührer nämlich nicht einlassen, weil das ganze Haus voll mit Flüchtlingen war. Da rannten die Aufrührer dem alten Macneil ein Bajonett in den Bauch. Du erinnerst dich doch an den alten Macneil?"

Ich erinnere mich gut an Pater Macneil, obwohl es schon mehrere Jahre her war, seit er uns besucht hatte.

„Ist er jetzt tot?" fragte ich.

„Anzunehmen", gab John kurz zurück. „Dann liefen ein paar Missionsneger hinüber, um Pat und Ajax zu holen. Als ob das geholfen hätte!"

„Ajax konnte leicht hundert Eingeborene verjagen", verteidigte ich den Hund. „Wie viele Aufständische waren es denn?"

„Nur zehn oder zwölf", antwortete John und lächelte ironisch. „Aber sie hatten Gewehre, und als Ajax auf sie zulief ... bumm ..."

„Sie haben ihn erschossen?"

„Aber das erzähle ich dir doch die ganze Zeit. Nicht einmal das Maul aufmachen konnte er."

„Wie gemein!"

„Und alle Flüchtlinge, die sich versteckt hatten, wurden herausgezerrt und erschossen oder geköpft", fuhr John fort, und all das Schreckliche schien ihn ganz ungerührt zu lassen.

„Du übertreibst wohl!"

„Ich übertreibe? Na, dann frag mal Pat, dann wirst du hören."

„Und was ist, wenn sie hieherkommen?"

„Das werden sie kaum. Sie werden es nicht wagen, denn hier liegt ja die Garnison, die uns verteidigen würde. Doch die alten Priester haben Pat hiehergeschickt, um uns auf alle Fälle zu warnen. Vater ist jetzt drüben und spricht mit dem Kommandanten. Nein, nein, hieher wagen sie sich bestimmt nicht."

Fluß, Wald und Meer

Unser Haus lag auf einer Landzunge, die im Norden vom Fluß begrenzt wird und im Westen vom offenen Meer. Bis zum Meeresstrand beträgt die Entfernung ungefähr einen Kilometer, zum Flußufer jedoch nur hundert Meter. Am Fluß und am Meer besteht das Ufer aus feinem, weißem Sand. Bei Ebbe bilden sich in den Mulden des Sandes Tümpel, deren Wasser so klar ist, daß man es fast nicht wahrnimmt. Baden konnten wir nur in diesen Tümpeln. Sie sind gerade tief genug, daß man schwimmen kann. Sonst kann man nirgends baden, denn im Meer und im Fluß gibt es Haie. Weiter flußabwärts, wo sich das Salzwasser nicht mehr mit dem Süßwasser mischt, sind die Krokodile. Krokodile gibt es übrigens auch draußen im Meer.

Unser Haus war nicht groß. Immerhin enthielt es den Laden, das Zimmer der Eltern, das der Jungen, mein Zimmer und das Wohnzimmer, wo alle Gewehre hingen. Neben dem Wohnhaus stand das Küchenhaus, das genauso groß war. Der Herd stand im Freien und war halb mit Blechplatten bedeckt. Im Küchenhaus gab es drei kleine Zimmer für die Boys und für die Köchin, die Fatima heißt. Fatima ist groß und dick und ihre Haut ist fast schwarz. Sie hat Zwillinge, Jungen von neun Jahren. Sie heißen Feliz und Daniel.

Rechts vom Haus lag die Bäckerei, sie war groß und wie die Hütten der Eingeborenen mit Palmblättern gedeckt. Aber es gab in der Nähe keine Eingeborenen. Bis zum Dorf waren es vier Kilometer. Aber wir hatten die Garnisonstadt, wie wir sie nannten. Sie bestand aus vier kleinen, gemauerten Häusern und einem größeren. In den kleinen wohnten die Soldaten, ungefähr zwanzig. Im großen wohnte der Kommandant. Er war unverheiratet.

Ein Stück entfernt von der Garnisonstadt lag der Flugplatz, auf dem einmal wöchentlich ein Flugzeug landete. In der Zwischenzeit ließen wir unsere Kuh dort weiden. Das Flugzeug war klein, mit Propellern, und wenn ein bißchen Wind wehte, schwankte es. Eine Piper Cub. Unsere Kuh hieß Rose.

Vater, Mutter und ich liebten unser Heim sehr. Die Gegend bei Punto Campo ist wunderschön, und das Wetter ist immer gut und warm. An windstillen Tagen sogar zu warm.

Hier gibt es zwei Regenzeiten. Eine kurze, heftige, die das Wasser von den Hügeln herabsprudeln läßt, und eine lange, die fast drei Monate dauert. Aber es regnet nie in einemfort. Regenschauer fallen, dann scheint wieder die Sonne, und es kann einen oder zwei Tage dauern, ehe es wieder regnet.

Gegen den Schluß der kurzen, heftigen Regenzeit dampft der Dschungel, durch den der Fluß strömt. Am anderen Ufer wachsen die Bäume fast bis zum Wasser, weiter oben sogar ins Wasser hinein. Es sind Mangroven, die Brackwasser lieben. Später werde ich mehr von ihnen erzählen, jetzt sage ich nur soviel, daß der Wald hier ganz anders ist als in Norwegen, der Heimat meiner Eltern, und sonst in Europa. Es ist der afrikanische Regenwald. Er hat eine ungeheure Ausdehnung, ist wohl so groß wie ganz Europa.

Ich sagte, daß Vater, Mutter und ich unser Heim liebten. Mikael aber nicht. Er sagte immer, in diesem Winkel verrottet man. Er sollte sich schämen. So gut wie ihm ging es nicht bald jemandem. Vielleicht fühlte er sich hier nicht wohl, weil er so groß und dick ist. Er ißt furchtbar viel. Und nie ging er mit Vater auf Langfahrt, das tat immer John. Und manchmal Mutter.

Mikael ist schon zweiundzwanzig, also nicht mehr ganz jung. Auch das kann ein Grund gewesen sein. Immer beneidete er mich, daß ich den größten Teil des Jahres in der Stadt, in der Schule, war.

„Du hast's gut", sagte er oft und oft. „Du brauchst nur in den Ferien hier zu sein."

Wenn er gewußt hätte, wie ich mich in der Stadt immer nach Hause, nach Punto Campo, sehnte!

Von Punto Campo führt keine Straße zur Stadt. Man kann mit dem Rad am Strand entlangfahren, denn der Sand ist fest und fein. Man könnte dort sogar mit dem Auto fahren, wenn man nicht drei Flüsse überqueren müßte. Vater sprach davon, über die Flüsse Brücken zu errichten, denn sie sind ganz schmal. Dann hätten wir uns ein Auto gekauft. Ein Landrover schafft eine solche Piste ohne weiteres. Aber wir hatten ja den Schoner. Vater besitzt nämlich einen schönen Motorschoner, mit dem er seine Waren beförderte und Kokosnüsse zur Stadt brachte. Die Nüsse kauften wir von den Eingeborenen, die sie von den Palmen holten, die überall am Strand entlang wachsen.

Kokospalmen gibt es meilenweit. Sie wachsen in einer Reihe am

Rand des eigentlichen Urwalds, also dort, wo der Sandstrand anfängt. Die Brandung schwemmt Kokosnüsse an Land, sie bleiben im Gras liegen und treiben aus. Die meisten allerdings kommen nur bis zum Sand, treiben auch ein wenig aus und faulen dann. Oft, wenn ich so eine Kokosnuß fand, trug ich sie hinauf und pflanzte sie zwischen den Palmen am Waldrand ein.

„Du rettest kleine Kokosleben", pflegte mein Vater dann zu sagen. „Gut gemacht, mein Mädel."

Sturm gibt es bei Punto Campo fast nie. Diese Meeresküste gilt als die ruhigste der Welt. Aber immer herrscht starke Dünung. Sie schlägt wie ein Wasserfall über die Sandbank vor der Flußmündung. Dünung ist Wellengang nach einem Sturm in fernen Gewässern. Mir kommt sie immer vor wie der Atem des Meeres.

Manchmal sahen wir ganze Gruppen Wale vorbeischwimmen. Aber den Fluß hinauf kamen sie nicht. Wahrscheinlich war ihnen die Sandbank im Weg.

Wir hatten keine Nachbarn, wenn man nicht sagen will, daß die Eingeborenen im Dorf unsere Nachbarn waren. Die Garnison rechne ich nicht mit, denn die gehörte ja zu uns.

Weit drinnen im Wald gab es ein Pygmäendorf. Pygmäen sind Zwergmenschen, die von dem leben, was sie im Wald finden. Sie sind tiefschwarz und scheu wie wilde Tiere. Es hat keinen Sinn, einfach in ihr Dorf zu gehen und sie zu begrüßen. Dann rennen sie bloß in den Wald und verstecken sich. Langsam fingen sie an, meinem Vater zu vertrauen. Er konnte sie besuchen, ohne daß sie davonrannten. Ihre Hütten bestehen aus Zweigen und Gras und sind schrecklich primitiv.

„Sie sind Afrikas Unterirdische", sagt Vater gern.

Im Regenwald gibt es viele Arten von wilden Tieren, auch Gorillas und Elefanten. Doch an den Strand und auf den Flugplatz kommen wilde Tiere höchstens bei Nacht. Gefährlich sind sie nicht. Nur auf Bob und Arty müssen wir aufpassen, denn die große Schlangenart, die Boa constrictor heißt, frißt Hunde besonders gern. Davon kann Vater leider schon ein Lied singen. Also passen wir auf die beiden Terriers gut auf, besonders bei Dunkelheit.

Wir planen eine Reise

Das Garnisondorf lag auf einer Ebene hinter unserem Haus. Die Entfernung vom Laden zu den Soldatenhütten und dem Kommandantenhaus betrug nicht mehr als fünf Minuten. Ich stand vor dem Haus und überlegte, ob ich hinüberlaufen sollte, weil Vater gar so lang beim Kommandanten blieb. Doch da kam er endlich. Ich lief ihm entgegen.

„Rose hat sich losgerissen", sagte Vater und deutete mit dem Kopf zum Flugplatz. „Sag Toto, er soll sie wieder festbinden. Oder kannst du es tun?"

Ich wußte, daß Vater das rasch erfunden hatte, um meinen Fragen auszuweichen, die er erwartete. Zum Glück für mich kamen eben Feliz und Daniel daher.

„Lauft und bindet die Kuh an", rief ich ihnen zu.

Die beiden Jungen rannten zum Flugplatz. Ich ging hinter Vater her. Ich stellte keine Fragen. Doch als er zu Mutter ins Zimmer ging, folgte ich ihm und setzte mich in einen Winkel.

„Was sagte der Kommandant?" fragte Mutter.

Vater zuckte die Achseln.

„Er wollte es nicht glauben", sagte er schließlich. „Er meint, es ist wahrscheinlich nur eine der üblichen Stammesfehden."

„Hast du ihm nicht von Macneil erzählt, der . . .", begann Mutter, unterbrach sich dann aber mit einem Blick auf mich.

„Doch", sagte Vater. „Aber er wollte davon nichts hören. Er sagte, so etwas sei hier noch nie passiert, also könne es auch jetzt nicht passiert sein. Der Kommandant ist ein richtiger Holzkopf. Wenn alles sich tatsächlich so verhält, wie Pat erzählt — und ich habe keinen Grund, daran zu zweifeln —, dann werde ich dafür sorgen, daß dieser Holzkopf eine ordentliche Abreibung erhält. Es kann ihn sogar die Stellung kosten. Was mir übrigens leid täte, denn er ist zwar schwer von Begriff, aber sonst ein netter Kerl und jedenfalls der beste Kommandant, den wir bisher hatten."

„Warum tut er dann nichts", rief Mutter empört. „Das ist doch seine Pflicht! Deshalb ist er doch hier!"

„Die Missionsstation gehört nicht zu seinem Bereich. Das dort oben ist ein anderer Distrikt", setzte Vater ihr auseinander. „Wenn Pat aufwacht, werden wir hören, was er sagt."

Einige Zeit, ehe wir zu Abend essen sollten — unsere Hauptmahlzeit —, bat Mutter Vater, Pat zu wecken, damit er vor dem Essen baden und sich in Ordnung bringen könne.

„Ein Bad hat er nötig", stellt sie fest. „Und du, Maryann, kannst die Jungen rufen."

John und Mikael waren unten im Lager und stapelten Kokosnüsse. In diesem Jahr war die Ernte ungewöhnlich reich, und Vater und die Jungen würden wohl viele Male zum Schoner hinausfahren müssen, ehe sie zur Gänze an Bord verladen war. Diese Zubringerfahrten machten sie mit dem Lastkanu. Es ist besonders groß, obwohl es auch aus einem Baumstamm ausgehöhlt ist. Der Schoner liegt fast immer draußen in der Bucht vor Anker, in entsprechendem Abstand von der Sandbank, aber wir konnten den Schoner ohne weiteres auf die Innenseite der Sandbank und sogar den Fluß hinaufbringen. Bei Flut natürlich.

Doch als die Jungen zum Essen kamen, teilte Vater ihnen mit, er wolle mit dem Beladen des Schoners warten, bis man Gewißheit hatte, daß die Unruhen im Norden abgeflaut seien.

„Wir stoppen zunächst alles und sehen zu", sagte er. „Wahrscheinlich werde ich einmal hinauffahren müssen. Wir werden hören, was Pat dazu sagt."

Ich bemerkte, wie Mutter bei diesen Worten blaß wurde.

Als Pat kam, gebadet und rasiert und ausgeruht, wirkte er mehr wie sonst. Doch ich bemerkte genau, wie er sich dazu zwang, mit Mutter und mir zu spaßen. Beim Essen wurde von den Vorgängen im Norden, von Pater Macneil und den Flüchtlingen, überhaupt nicht gesprochen. Erst als wir fertig waren, fragte Vater Pat, was er ihm raten würde. Und was er selbst tun wolle.

„Ich muß jedenfalls zurück zur Station", erwiderte Pat. „Ich kann die alten Priester nicht im Stich lassen. Und ich habe dort oben meine Herde. Vergeßt nicht, daß ich Hirte bin! Ich kann doch meine Schafe nicht einfach den Wölfen überantworten." Er lachte, um seine Worte abzuschwächen.

„Ach, wie schrecklich ist das alles", rief Mutter. „Und der Kommandant will nichts unternehmen."

„Das habe ich auch nicht erwartet", gab Pat ruhig zurück. Es wurde abgemacht, daß Pat, Vater und zwei der Boys am folgenden Tag zur Missionsstation gehen sollten. Für den Hin- und Rückweg mußten sie ungefähr eine Woche rechnen, und ein paar Tage würde es natürlich dauern, bis sie oben Ordnung geschaffen hatten. Vater war bei den Eingeborenen allgemein bekannt und beliebt, es war nicht anzunehmen, daß sie ihm etwas antun würden.

Für einen solchen Zug durch den Urwald brauchten die Männer eine beträchtliche Ausrüstung, und Mutter machte sich sofort daran, alles herzurichten. Doch ehe es soweit war, daß sie hätten aufbrechen können, geschah etwas, das den ganzen Plan über den Haufen warf.

Ein Kanu kommt den Fluß herab

Ich war es, die es zuerst sah, das fremde Kanu, das den Fluß herabkam. Ich bemerkte sofort, daß es keines der unseren und keines der Fischer sein konnte, denn es war viel größer. Genauso lang wie unser Lastkanu, nur schmäler. Merkwürdig genug saß in diesem Kanu ein einziger Mann, und noch merkwürdiger war, daß er den Fluß zu einer Zeit herabkam, als eben die Flut einsetzte. Denn bei Flut strömt das Wasser wie ein Wasserfall den Fluß *hinauf,* und es ist sehr schwierig, dagegen zu paddeln – man könnte sagen, es ist unmöglich. Nach jedem Paddelschlag bleibt das Kanu stehen oder gleitet sogar zurück.

„Ein Kanu kommt herunter", rief ich Vater und Pat zu. Sie saßen auf der Bank vor dem Haus und bastelten an etwas.

„Um diese Zeit?" meinte Vater ungläubig und stand auf.

Auch Pat stand auf. Wir gingen alle drei zum Flußufer. Bob und

Arty bellten wie verrückt. Das Kanu schien nicht vom Fleck zu kommen. Der Mann im Kanu sah uns und winkte mit dem Paddel. Dadurch verlor er wieder ein paar Meter. So schnell trieb die Gegenströmung das Boot zurück.

Es dauerte eine Ewigkeit, ehe es dem Mann gelungen war, so nahe an uns heranzukommen, daß wir ihm zurufen konnten, er solle sich näher ans Ufer halten. Nicht, daß dort die Strömung geringer ist, im Gegenteil. Aber es gibt dort eine kleine Ausbuchtung, in der er leichter vorwärtskommen konnte. Und war er einmal innerhalb des Mangrovengürtels, dann konnten Vater und Pat hinauswaten, das Kanu packen und zum Landeplatz ziehen.

Im Kanu saß ein großer, fast kohlschwarzer Eingeborener, der mir fremd war.

Er zitterte, schüttelte sich und schnitt Grimassen, und ich dachte zuerst, das käme von der Müdigkeit. Doch dann ging mir auf, daß er Angst hatte. Etwas Schreckliches mußte ihm zugestoßen sein. Ich sollte bald erfahren, was das war. Am Boden des Kanus lag ein junger Bursche, der aussah, als schliefe er. Um eine Hand trug er einen Verband aus grünen Blättern.

Vater und Pat sprachen mit dem großen Neger in einem afrikanischen Dialekt, den ich nicht verstand. Doch soviel erfaßte ich — der Junge im Boot schlief nicht, er war bewußtlos. Vater und Pat hoben ihn aus dem Boot und trugen ihn zum Haus hinauf. Der große Neger schlurfte hinterher. Mutter lief ihnen entgegen.

„Die Boys sollen ein Feldbett ins Wohnzimmer stellen", ordnete Vater an.

Bald lag der Junge auf dem Feldbett, und Vater machte sich daran, den Verband abzunehmen. Mutter brachte heißes Wasser und unsere Hausapotheke.

Ich war den Umgang mit verwundeten Eingeborenen gewöhnt, denn Vater hatte immer wieder mit ihnen zu tun. Er pflegte zu sagen, in dieser Gegend Afrikas müsse jeder Weiße Arzt sein. Doch obwohl ich abgehärtet und bestimmt nicht zimperlich bin, sah dieser Verwundete doch so schauerlich aus, daß ich froh war, als man mich hinausschickte.

Vater und Mutter bemühten sich mehr als eine Stunde um den Jungen. Als sie aus dem Zimmer kamen, fragte ich, was mit seiner Hand los sei. Wie gewöhnlich war es John, der mich einweihte.

„Sie haben ihm die Hand abgehackt", sagte er kurz.

„Wer?"

„Vermutlich die Aufständischen. Sie sagten, er sei ein Dieb, da hackten sie ihm zur Strafe die Hand ab."

„Muß er sterben?"

„Höchstwahrscheinlich, meint Vater."

Ich hörte den Gesprächen der Erwachsenen zu, und nach und nach wurden mir die Zusammenhänge klar. Der große Neger war der Onkel des Jungen. Als die Aufständischen ihm die Hand abgehackt hatten, machte der Onkel ihm so gut wie möglich einen Verband. Dann trug er ihn auf dem Rücken über eine Meile weit zum Fluß, stahl dort das große Kanu und paddelte einen halben Tag herunter zu uns, damit Vater dem Jungen helfe. Aber es nutzte nichts, Vater konnte nicht helfen. In der Nacht, während wir abwechselnd bei dem Jungen wachten, starb er. Der Blutverlust war zu stark gewesen. Wenn man eine Hand verliert und nicht sofort in ärztliche Behandlung kommt, stirbt man unbedingt, erklärte mir Vater später.

Die Soldaten der Garnison begruben den armen Teufel. Der Onkel wollte nicht zurück ins Innere. Er hatte im Dorf Bekannte und zog noch vor dem Begräbnis zu ihnen.

Die Haie sollen unsere Wachhunde sein

Von dem Onkel des Toten erfuhren wir, daß es jetzt überall im Norden Aufstände gab. Zur Missionsstation hätte man nur unter Lebensgefahr vordringen können. Außerdem war sie abgebrannt, und die alten Priester von den Aufständischen verschleppt. Viele Eingeborene waren niedergemacht worden.

Trotzdem wollte Pat hin. Vater und Mutter versuchten ihn zum Bleiben zu überreden, doch er hielt an seiner Absicht fest.

Schließlich wurden es die Eltern müde und gaben nach, doch sie brachten ihn wenigstens so weit, zu warten, bis Vater mit dem Schotten gesprochen hatte, der eine große Ölpalmenplantage am anderen Flußufer betrieb, ungefähr fünf norwegische Meilen im Nordwesten, also in jenem Landesteil, wo noch alles ruhig sein sollte. Vater rechnete damit, die fünf Meilen in knapp zwei Tagen zurückzulegen, und er hoffte, der Schotte würde ihn mit dem Landrover am Strand entlang zurückbringen. Zwischen unserem Fluß und der Plantage des Schotten gab es nur ein ganz schmales Flüßchen, das ins Meer mündete. Darüber war sogar eine Brücke gebaut, und selbst, wenn die weggeschwemmt wäre, brauchte es nicht viel Zeit, ein paar Bäume zu fällen und eine neue zu errichten. Mit einem Landrover kann man eine solche einfache Brücke leicht überqueren. Manchmal genügen schon zwei runde Stämme.

Vater nahm nur Vicente und Toto mit. John paddelte sie in Windeseile über den Fluß.

In seiner Abwesenheit fiel nichts besonderes vor. Alles war still und friedlich. Er blieb länger aus als angenommen, aber das ist ja meist so. Als er endlich kam, brachte er nicht eben gute Nachrichten.

Auf der Plantage des Schotten hatten viele Weiße aus dem Landesinnern Zuflucht gesucht. Die Lage wurde besprochen. Die meisten waren dafür, es genüge, einen kühlen Kopf zu behalten, der Aufstand würde bald niedergeschlagen sein. Nur wer vom Norden kam, dachte pessimistischer. Sie sagten, die eingeborenen Meuterer gegen die Regierung seien nicht das Ärgste. Sie hatten Anführer, sie verhielten sich als Soldaten und rührten Zivilisten, seien es weiße oder schwarze, nicht an. Aber es gab Banden aus den Nachbarstaaten, die sich hatten anwerben lassen, nur um Waffen in die Hände zu bekommen. Und solche Räuberbanden waren es, die mordeten, plünderten und stahlen. Sie standen außerhalb jeder Kontrolle. Eine solche Bande hatte auch die Missionstation überfallen und Pater Macneil umgebracht. Dann hatten die organisierten Aufständischen diese Bande in die Flucht geschlagen und die alten katholischen Priester und die überlebenden Missionsneger mit sich genommen.

Sobald diese unter einer Führung stehenden Aufständischen fort waren, kehrten die Räuber zurück, holten, was noch zu holen war, und brannten die Gebäude nieder.

Alle Weißen, die aus dem Norden kamen, berichteten, daß diese Söldnerbanden immer frecher wurden. Ein Plantagenbesitzer hatte einen Brief erhalten, er solle alle Wertgegenstände bereitstellen, denn noch am selben Abend würde eine Bande kommen und sie abholen. Dem Mann, der ganz allein in der Einsamkeit und nur mit seinen schwarzen Dienern wohnte, blieb nichts übrig, als zu gehorchen. Er mußte dabeistehen und hilflos zusehen, wie zehn, zwölf, schwer bewaffnete Räuber sein Haus plünderten und alles von Wert davonschleppten.

„Der Fehler ist", meinte Vater, „daß die Garnisonen zu weit auseinanderliegen. Wir haben das Glück, dicht an einer zu wohnen, aber unmöglich ist es nicht, daß solche Banden auch hierher kommen und ihr Glück versuchen. Sollen sie nur kommen! Wir hier sind stark genug, sie zu empfangen. Diese Banden bestehen meist aus zehn bis zwölf Mann, selten aus mehr als zwanzig. Ihre Waffen sind gut, aber da sie auf alles schießen, was sich im Wald rührt, könnte ich mir denken, daß sie nicht gerade Überfluß an Munition haben. Zur Sicherheit werden wir hinüberrudern und alles Kanus vom anderen Flußufer holen. Dies ist einmal die Gelegenheit, sich über die vielen Haie im Fluß zu freuen. Die Haie werden unsere Wachhunde sein. Versucht wirklich jemand hinüberzuschwimmen, dann kommt er gewiß nicht weit."

John, Mikael und die Boys gingen sofort daran, die Kanus zu holen, die am anderen Flußufer lagen. Es waren mehr, als wir gedacht hatten. Denn oft kamen Fischer von weit her und versteckten ihre kleinen, halb verrotteten Kanus am Ufer entlang, dort, wo man wegen des Mangrovengürtels schwer ans Wasser herankann. Diese kleinen Kanus sind oft so schmal und leicht, daß sie lebensgefährlich sind. Die Jungen sammelten ein, was sie fanden, banden sie aneinander und schleppten die ganze Flottille herüber an unser Ufer.

An diesem Tag betrat kein einziger Kunde den Laden. Über Urwald und freiem Land lag bedrückende Stille.

Wir bringen den Schoner den Fluß herauf

Lang waren wir im Zweifel, was wir mit dem Schoner tun sollten. Niemand würde wohl wagen, zu seinem Ankerplatz in der Bucht hinauszuschwimmen. Dort wimmelte es ja von Haien. Außerdem lag der Schoner gut einen Kilometer vom Land entfernt.

Vater meinte, der Schoner sei in der Bucht sicher, doch Pat und die Jungen wollten ihn lieber über die Sandbank und ein Stück den Fluß heraufbringen. Darauf einigten sie sich schließlich.

Ich durfte mit hinausfahren und den Schoner holen, denn dazu wurde das große Lastkanu genommen, das leicht zehn Personen faßte. So viele waren wir ja nicht: Vater, John, Pat, Toto und ich. Wir wanden den Anker hoch, Vater warf den Motor an, John stand am Steuer.

Eigentlich ist das Schiff zu klein, um den Namen Schoner zu verdienen. Aber es hat einen starken Motor, und es segelt auch gut.

Die Flut hatte eingesetzt. Eine starke Strömung verlief zum Land und zur Flußmündung. Das Riff erkannte man nur daran, daß sich die Dünung an ihm brach. Die Sandbank weiter drin lag ganz unter Wasser. Die Brandung war ziemlich stark, der Schoner hob und senkte sich, und das Bugspriet tauchte viele Male ins Wasser. Als wir uns der Sandbank näherten, übernahm Vater das Ruder. Die Flut strömte ein wie ein Wasserfall. Vater rief John zu, den Motor zu drosseln. Er mußte abwarten, bis der Schoner auf einem Wellenberg lag, ehe er es wagen konnte, ihn über die Sandbank hinwegzumanövrieren.

Wenn sich die Dünung brach, war vielleicht unter dem Kiel nicht genügend Wasser. Manchmal sichteten wir durch die Wellentäler den schwärzlichen Boden, mit Felsen durchsetzt. Sonst bestand der Meeresgrund vor und hinter dem Riff nur aus Sand.

Vater nahm den Schoner nicht zum erstenmal den Fluß herauf, er wußte also, wie er es anfangen mußte. Trotzdem hatten wir diesmal Pech. Wir lagen eben oben auf einem großen, runden, glatten Wellenberg als es schien, das Wasser würde unter uns verschwinden. Der Schoner machte ein paar Hüpfer über die scharfen Steine, und wir an Deck fielen beinahe um. Doch dann hob uns eine neue Welle hoch, und schon waren wir drüben.

„Er gehorcht dem Ruder nicht", rief der Vater. „Stell den Motor ab."

John tat wie geheißen. Doch die Flut riß uns mit sich fort, und wir machten trotzdem gute Fahrt den Fluß hinauf.

„Ich kann nicht steuern", rief Vater wieder. „Versucht, den Schoner mit dem Kanu abzuschleppen."

Sofort sprangen John, Pat und Toto ins Kanu. Vater und ich warfen ihnen eine Trosse zu. Ich machte sie am Vordersteven fest, während John und Toto ein paar Schlingen rund um einen hölzernen Zapfen hinten im Kanu legten. Dann begannen alle drei zu paddeln. Das ging großartig. Bald hatten wir den Schoner wenige Meter von Land gleich vor dem Laden verankert. Die Männer gingen sofort daran, den Fehler am Steuer zu untersuchen. Wie sich zeigte, war es aus der untersten Angel gesprungen. Das ließ sich leicht in Ordnung bringen. Man brauchte nur einen Baum an den Mast zu riggen, unter dem Ruder einen Draht durchziehen und es mit dem Spill zu heben.

Mutter kam ans Ufer herunter.

„Ist etwas kaputt?" rief sie.

„Nicht der Rede wert", gab Vater zurück.

Da knallte am Nordufer des Flusses ein Schuß. Eine Gewehrkugel flog direkt unter dem Bug des Schoners über das Wasser, prallte von der Oberfläche ab und verschwand pfeifend über der Ebene dem Wald zu.

Ich weiß nicht mehr, was ich im Augenblick nach dem Schuß dachte. Ich hatte zwar in den letzten Tagen sehr viel Schreckliches gehört — Macneil ermordet, die abgehackte Hand des Jungen und sonst noch so einiges —, doch ich glaube trotzdem nicht, daß ich Angst bekam. Ich erfaßte wohl nicht, daß wir es waren, auf die geschossen wurde. Ich erfaßte es nicht einmal dann, als Pat mich packte und in den Schutz der Reling niederwarf. Ich dachte wohl, im Wald schieße jemand unvorsichtig auf Wild, und wenn er damit fortführe, könnten wir aus reinem Pech getroffen werden.

Doch als wieder ein Schuß fiel, und das Projektil in die Takelage schlug, so daß ein Tau herunterfiel, da ging mir die Wahrheit doch auf. Auf *uns* wurde geschossen! Nun waren die Banditen hierher gekommen und lagen am anderen Flußufer im Wald versteckt.

Die Brüstung des Schoners war dick und solid. Sie lief am Bug zu einer Spitze zusammen, doch gegen achtern, hinter dem Ruder und dem niedrigen Deckshäuschen mit dem Abgang zur Kajüte, war sie offen. Dort verlief statt dessen eine eiserne Reling.

Durch die Strömung hatte sich der Schoner an der Ankerkette gedreht, so daß der Bug fast auf den Wald zeigte, wo die Schüsse herkamen. Deshalb hatte ich durch die offene Reling achtern freien Blick auf den Fluß unterhalb unseres Hauses. Dort stand Mutter ganz ohne Deckung. Man konnte auf sie schießen! Vor Angst sprang ich auf und lief nach achtern.

„Mutter, Mutter", schrie ich, so laut ich konnte. „Bleib nicht dort stehen, sie schießen!" Auch Pat, John, Toto und Vater hatten sich hinter der festen Brüstung niedergeworfen. Jetzt brüllte Vater mir zu, mich sofort aufs Deck niederzuwerfen. „Aber so schaut doch! Mutter!" stammelte ich und fing an zu weinen.

Vater robbte an mir vorbei, legte die Hände an den Mund und rief Mutter zu: „Geh ins Haus! Aber langsam! Tu, als wäre nichts, aber bleib nicht dort stehen!"

„Wie wollt ihr denn an Land kommen?" antwortete Mutter. Ihre Stimme klang ruhig, und obwohl sie nicht schrie, verstanden wir jedes Wort. „Geh sofort ins Haus, sage ich", brüllte Vater. „Kümmere dich nicht um uns, wir sind hier in Sicherheit." Mutter wandte uns den Rücken zu und ging langsam aufs Haus zu. Die Banditen auf dem anderen Ufer hatten sicher das Gespräch gehört, und selbst wenn sie die Sprache nicht verstanden, mußten sie den Inhalt erraten haben. Denn sofort krachte wieder ein Schuß, und ganz dicht bei Mutter spritzte der Sand auf. „Lauf!" schrien wir. Mutter aber behielt die Ruhe. Wir dachten, sie gehe unnötig langsam, jedenfalls dauerte es eine Ewigkeit, ehe sie im Laden verschwand.

Der Schoner drehte sich unruhig in der Strömung. Er lag jetzt fast quer im Fluß. Das hatte seinen Grund darin, daß die Ankerkette mittschiffs durchs Speigatt ausgelassen worden war. Es handelte sich nur um den kleinen Anker, denn wir waren nicht so weit gekommen, auch den großen Buganker auszuwerfen. Deshalb drehte sich das Schiff in der Strömung. Der Bug war höher und gab mithin guten Schutz ab. Und durch die offene Reling achtern sahen wir nicht nur das Haus und die Bäckerei, sondern überblickten auch die ganze Ebene bis zu den Garnisonshütten und dem Kommandantenhaus. Ich starrte dorthin und hoffte, die Soldaten kämen mit ihren Gewehren herausgelaufen. Doch da hoffte ich vergeblich, niemand war zu sehen. Da fiel mir ein, daß der Kommandant mit fast allen Soldaten heute einen Ausmarsch gemacht hatte. Doch die beiden, die immer Wache standen, wo steckten die? Meist hielten sie sich bei einer Art Schuppen auf, dort, wo um eine alte Palme, die einsam rechts vom Exerzierplatz stand, Holzbänke gezimmert waren. Doch auch dort sah ich niemanden. Waren sie am Ende davongelaufen? Nein, drüben blitzten in der Sonne ihre Gewehrläufe.

Solange ich zurückdenken kann, liegt gerade außerhalb der Reichweite des Flusses, selbst wenn er in der Regenzeit hoch und reißend ist, ein riesiger Baumstamm im Sand, halb davon begraben. Wahrscheinlich wurde er einmal dorthin geschleppt, um aus ihm ein Kanu zu machen, doch dann wurde nie etwas daraus. Und dort, bei diesem riesigen, dicken Stamm, sah ich die Gewehrläufe aufblitzen.

„Drüben liegen die Wachtposten", sagte ich zu Vater und deutete hin.

„Sie sind zur Stelle", sagte Pat zufrieden. „Ich hoffe nur, daß der Kommandant und seine Leute die Schüsse gehört haben und den Kerlen nicht ahnungslos ins Schußfeld marschieren."

„Warum schießen sie nicht?" fragte John ungeduldig.

„Wer, die Soldaten?" gab Vater zurück. „Worauf sollen sie denn schießen?"

Aber vielleicht gab es doch ein Ziel, denn plötzlich tauchten die spitzen braunen Mützen und die noch braunern Gesichter der beiden Wachtposten über dem Baumstamm auf; nun sah man auch die Gewehre in ihrer ganzen Länge, und schon knallten zwei Schüsse. Sofort kam vom Nordufer Antwort, diesmal eine ganze Salve. Um den Baumstamm spritzte der Sand auf, und die Köpfe der beiden Wachtposten tauchten unter. Getroffen waren sie nicht worden. Ob jemand am Nordufer getroffen worden war, konnten wir nicht ausmachen. Nun war alles wieder ganz ruhig. Minuten vergingen, dann fragte Pat:

„Was glaubt ihr, wie viele Schüsse sind von drüben gefallen?"

„Tja", meinte Vater und überlegte. „Sieben, vielleicht acht."

„I wo", rief John dazwischen. „Das waren bestimmt viel mehr."

„Nein, ich denke auch, es waren sieben oder acht", meinte Pat ruhig. „Das bedeutet, daß die Banditen nicht allzu zahlreich sind."

„Oder daß nicht alle geschossen haben", gab Vater zu bedenken.

„Trotzdem, ich bin deiner Ansicht, Pat. Gewiß ist es eine der Söldnerbanden, von denen der Schotte erzählt hat. Gut, daß wir die Kanus herübergebracht haben."

„Wenn jemand versucht hätte überzusetzen, wäre er von den beiden hinter dem Baumstamm abgeknallt worden", rief John.

Niemand antwortete. Eine Weile saßen wir still da. Die Sonne brannte herab, und der Teer zwischen den Deckplanken kochte.

Die Sonne stand jetzt genau über unserem Kopf, und es gab nirgends Schatten für uns.

Vater, Pat und John saßen an die Brüstung gelehnt. Ich lag auf dem Bauch. Toto hatte sich mit dem Kopf in Johns Schoß verkrochen. Trotz seiner dunklen Haut sah man, daß der Boy grau vor Angst war.

„Die ersten drei Schüsse, die beiden auf uns und den dorthin", sagte Pat und deutete mit dem Kopf zu der Stelle, wo der Schuß unweit von Mutter in den Sand gegangen war, „die halte ich für Schreckschüsse."

„Da bin ich ganz deiner Meinung", stimmte Vater zu. „Aber die Salve auf die Soldaten, die war ernst gemeint."

„Ja, sie wollen der Garnison an den Kragen", erklärte Pat. „Vielleicht liegen sie schon lang auf der Mauer und haben den Kommandanten und seine Leute fortmarschieren sehen. Da dachten sie, die Gelegenheit sei günstig. Nur haben sie nicht damit gerechnet, daß wir die Kanus herübergebracht haben."

„Als wir den Schoner drehten und am Anker zu tun hatten, hätten sie uns leicht abknallen können", stellte John fest.

„Diese Burschen", murmelte Pat. „Sie sind nichts als Diebe und Räuber. Nicht einmal vor Mord scheuen sie zurück. Wahrscheinlich wollten sie erst die beiden Wachtposten umbringen, dann hätten sie mit dir und deiner Familie freies Spiel gehabt. Sie sind auf Wertsachen und Geld aus — auf das, was im Laden ist, Branntwein, Waffen und Bargeld. Nun haben ihnen der Fluß und die Haie einen Riegel vorgeschoben."

„Hätten wir nur die Gewehre mitgenommen", rief John zornig. „Dann wären wir nicht so wehrlos."

Vater tat, als hörte er ihn nicht.

„Ich überlege mir die ganze Zeit etwas", sagte er langsam. „Jetzt geht die Flut bald zurück. Was dann?"

Seine Worte machten mich aufmerksam, und ich merkte, daß die Strömung nicht mehr am Schoner entlangrauschte. Wir befanden uns genau in dem Augenblick, wo die Gezeiten wechseln.

„Macht das etwas aus?" erkundigte sich Pat.

Vater deutete auf die offene Reling achtern.

„So wie das Schiff verankert liegt", setzte er uns auseinander, „wird es sich ganz drehen, wenn die Strömung in entgegengesetzter Richtung verläuft. Dann schützt uns der Bug nicht mehr, und die Banditen können das ganze Deck bestreichen. Ehe es so weit ist, müssen wir unbedingt den Großanker auswerfen. Während dieser Zeit aber wirst du, Maryann, zum Deckhäuschen kriechen und in die Kajüte hinuntergehen. Dort bist du sicherer als an Deck."

Er warf einen Blick auf den Neger, der in Johns Schoß lag und vor Angst zitterte.

„Nimm Toto mit", wies er mich dann an. „Uns nützt er doch nichts, er wäre uns nur im Weg. Unten sind Kokosnüsse. Toto soll dir ein paar aufmachen."

Der Kommandant kommt mit seinen Leuten

Die Kajüte des Schoners ist ganz klein, vier Leute haben mit einiger Mühe darin Platz. Davor liegt der Maschinenraum, und genau darunter verläuft die Propellerachse. In den Ecken liegen beide Ruderketten bloß, und wenn oben das Ruder betätigt wird, rasseln sie unheimlich. Die Kajüte enthält zwei Kojen. Auf der einen lag ein Haufen Kokosnüsse, bei denen man den größten Teil der Fasernhülle schon abgehackt hatte. So sollen sie aussehen, wenn wir sie verschiffen. Toto haute mit einer alten Machete, die herumlag, von einer Nuß den Knust ab. Die Nuß war reif, also schmeckte die Milch nicht besonders gut. Doch ich hatte so lange in der Sonne gegessen, daß meine Zunge ganz ausgetrocknet war, also trank ich die Nuß bis zum letzten Tropfen leer.

Nun begannen sie oben auf Deck mit der Ankerkette zu rasseln. Wie sie das ohne aufzustehen fertigbrachten, war mir schleierhaft, doch es gelang ihnen also, und die Kette lief aus. Das ganze Schiff zitterte. Dann war es plötzlich still. Ich legte mich auf die leere Koje. Toto, immer noch grau vor Angst, hockte auf dem

Bänkchen vor der anderen Koje. Hier unter Deck war es zum Ersticken heiß.

Ich lag da und überlegte, was geschehen würde, falls es den Räubern gelänge, über den Fluß zu kommen. Ich bekam solche Angst, daß mir die Tränen in die Augen stiegen. Mutter war ja fast allein im Haus, hatte nur Mikael und die beiden Boys zu ihrer Verteidigung. Fatima zählte nicht. Und Mikael konnte mit einem Gewehr kaum umgehen. Wäre es wenigstens John gewesen. Und — vielleicht befand sich auf unserer Seite des Flusses auch eine Bande? Wer konnte das wissen?

Ich hielt es nicht mehr aus, untätig herumzuliegen. Da war es noch besser, an Deck zu sein. Also stieg ich die Leiter hinauf und steckte den Kopf aus der Kabinenluke. Das Schiff lag da wie zuvor, das Achterende gegen Süden gedreht. Das Ufer war abgesehen von den beiden Soldaten hinter dem Baumstamm leer. Das heißt — waren die beiden noch da? Ich starrte auf den Stamm im Sand. Da ragte doch nur ein einziger Gewehrlauf heraus! Wo steckte der andere Soldat? Erschossen? Doch von der Salve getroffen?

„Vater", sagte ich angstvoll und wandte mich um.

Vater, John und Pat lagen flach an der geschlossenen Brüstung.

„Geh sofort wieder hinunter", befahl Vater streng.

Weitere Worte fielen nicht, denn im selben Augenblick brach auf unserem Ufer ein höllischer Lärm los. Es knallte und schoß vom Ufer, aus dem Fenster der Bäckerei, aus der Ladentüre, aus der Ecke des Küchenhauses und von der Stelle her, wo die Kanus an Land gezogen waren. Sogar ganz oben im Mangrovendickicht befand sich jemand und schoß. Die Projektile peitschten in den Wald auf der anderen Flußseite, die pflügten den Sand des Nordufers, und die eine oder andere Kugel fuhr auch ins Wasser, prallte ab und verschwand pfeifend über dem Wald.

Unsere Soldaten waren gekommen!

Die Garnison besaß einen Überfluß an Munition. Sicher freuten sich die Leute, sie endlich verwenden zu können. Sie ballerten und knallten, daß auf der anderen Seite das Laub und Gezweig der Bäume in den Fluß fiel. Der Lärm war höllisch; doch das Feuer blieb unerwidert.

Ich glaube, die Soldaten schossen ohne Unterbrechung eine halbe Stunde lang, dann hörten sie ebenso plötzlich wieder auf. Niemand zeigte sich. Der Soldat hinter dem Baumstamm hob den Kopf und schaute sich nach allen Seiten um. Ich winkte ihm zu. Plötzlich war ich so stolz auf unsere Garnison, daß mir schon der Gedanke an sie Herzklopfen machte. Wäre der Kommandant in der Nähe gewesen, ich glaube, ich wäre ihm um den Hals gefallen.

Ich drehte mich um zu Vater und Pat und lächelte. Pat erwiderte mein Lächeln.

„Das waren die unseren", sagte er. „Höchste Zeit, daß sie gekommen sind. Ich bin schon halb gebraten hier. Sind unten noch Kokosnüsse?"

„Massenhaft", gab ich zurück. „Komm her, dann macht Toto dir ein paar auf."

„Schick einige herauf", wies mich Vater an. „Wir brauchen wirklich etwas zu trinken."

Toto machte sich daran, Kokosnüsse zu öffnen. John kam nach achtern gekrochen, ich stand an der Leiter und reichte ihm die Nüsse der Reihe nach zu. Dann blieb ich noch stehen, den Kopf über der Lukenkante. Immer noch war das Ufer leer, man sah nur den Wachtposten hinter dem Baumstamm. Er ragte jetzt mit dem ganzen Kopf hervor und war vom Nordufer deutlich zu sehen. Doch es geschah nichts. Eine Stunde verging. Noch eine Stunde schlich im Schneckentempo dahin. Das starke Sonnenlicht machte mich ganz schwindlig. Im Gummibaum neben dem Kokosnußschuppen waren Webervögel eifrig damit beschäftigt, ihre wespennestartigen Nester herzustellen. Sie zwitscherten und sangen. Sonst hört man sie um diese Tageszeit nicht. Wahrscheinlich hatte die Schießerei sie aus ihrem Mittagsschlaf geweckt. Ich blickte flußaufwärts. Die Strömung verlief jetzt, wie es sich gehörte. Ich dachte an die Haie, und wie gut es war, daß es sie hier gab.

„Liebe, brave Haie", murmelte ich vor mich hin. „Nächstes Jahr, wenn wir eine Ziege schlachten, werfe ich euch alles zu, was Bob und Arty nicht fressen können."

Da wurde ich gewahr, daß sich an der Ladentür etwas rührte.

Ich drehte den Kopf und starrte angestrengt hin. Es war der Kommandant! Ich wollte ihm zuwinken, doch dann bekam ich Angst, sie könnten daraufhin vom Nordufer auf ihn schießen, und ließ es sein.

Doch der Kommandant winkte uns zu. Er lachte über das ganze, schokoladebraune Gesicht, riß sich die Mütze vom Kopf und winkte damit. Dann begann er, zum Fluß hinunterzugehen, blieb aber ein gutes Stück vom Ufer stehen, und stand dort so ruhig, als sei nichts geschehen. Gelassen steckte er eine Hand in die Tasche, holte eine Zigarette heraus und zündete sie an. Ich sah deutlich, wie der zarte, blaue Rauch in die Luft stieg.

Da schossen sie!

Es war ein einzelner Schuß, er fiel vom Nordufer, der Kommandant griff sich an die Brust, faltete dann die Arme über dem Bauch und fiel nach vorn, mit dem Gesicht in den Sand.

Was ich in meinem Schrecken schrie, weiß ich nicht. Der Soldat hinter dem Baumstamm sprang auf und lief zu der Gestalt im Sand. Noch ein Schuß knallte, doch der Soldat wurde nicht getroffen. Gebückt lief er in die Deckung hinter dem Baumstamm zurück. Ein paar Minuten lang geschah nichts. Dann sah ich Mutter und Fatima an der Ladentür. Mutter zerrte die dicke, gewichtige Köchin am Arm hinter sich her. Fatima wehrte sich mit allen Kräften, doch Mutter gab nicht nach. Sie zeigte auf den Kommandanten, der regungslos im Sand lag, und wollte Fatima dorthin bringen. Doch Fatima hatte mehr Kräfte als Mutter. Da hob Mutter die Hand und schlug dem dicken Frauenzimmer in das schwarze, glänzende Gesicht, daß ich das Klatschen bis heraus zum Schoner hörte.

Dann ließ Mutter sie los und ging allein auf den Kommandanten zu.

Ich war so angespannt, daß ich die Hände rang und den Atem anhielt. Deshalb merkte ich nicht gleich, daß John zu mir herübergekommen war, und wurde darauf erst aufmerksam, als ich ihn aufstehen sah. Er hob die Arme über den Kopf und tauchte mit einem Kopfsprung ins Wasser.

Da verlor ich wohl den Verstand. Ich wußte nicht mehr, was ich sagte. „Liebe, brave Haie, meine Guten", murmelte ich. „Laßt

John in Ruhe! Guter Gott im Himmel, laß nicht zu, daß die Haie ihn angreifen! Lieber, guter, braver Gott, paß auf die Haie auf!"

John pflügte durchs Wasser, als hätte er einen Torpedo als Antrieb. Keine zehn Sekunden später sprang er aus dem Wasser und lief zu der Stelle, wo sich Mutter mit dem verwundeten oder toten Kommandanten abmühte. In diesem Augenblick sah ich die Rückenflosse eines großen Hais unmittelbar neben dem Schoner auftauchen. Sie leuchtete auf, dann verschwand sie im Schatten des Schiffs.

Jetzt ging es darum, ob die vom Nordufer auf Mutter und John schießen würden. Die beiden hatten jetzt gemeinsam den Kommandanten aufgehoben und trugen und zogen ihn zur Ladentür.

Es wurde nicht auf sie geschossen. Mutter und John schafften den Kommandanten hinein und schlossen die Tür. Erst jetzt fand ich meine Fassung wieder.

Im Schutz der Dunkelheit gehen wir an Land

Ein Glück, daß wir die Kokosnüsse hatten, mit denen wir uns erfrischen konnten. Hier an der Mündung ist das Flußwasser schon mit Meerwasser vermischt, und man kann es nicht trinken. Wir verwendeten es nur zum Wäschewaschen.

Ich brachte Toto so weit, daß er mir eine Nuß zerkleinerte, damit ich etwas zu Kauen katte. Ein paar Stücke schickte ich Vater und Pat hinauf. Vater ißt sonst nie Kokosnüsse, wahrscheinlich hat er schon zu viele von ihnen gesehen. Doch nun war er wohl hungrig, denn auch er kaute an den Stückchen herum.

„Wo ist denn der zweite Soldat hingekommen, der hinterm Baumstamm lag?"

„Er ist fortgerobbt, bis er in Deckung kam. Dann lief er wohl hinauf und warnte den Kommandanten. Jedenfalls weiß ich keine andere Erklärung dafür, daß sich die achtzehn Soldaten im Terrain verteilten."

„Was machen wir jetzt?"

„Wir warten, bis es dunkel wird. Dann mußt du das Kanu nehmen und ans Ufer paddeln, mein Mädel."

„Und ihr?"

„Pat, Toto und ich werden versuchen, das Ruder zu reparieren. In der Dunkelheit wird das nicht leicht sein."

„Und dann?"

„Sobald der Schoner in Ordnung ist, haben wir zwei Möglichkeiten. Erstens können wir hinaus aufs freie Meer und nach Süden fahren. Das würde heißen, hier alles endgültig im Stich zu lassen. Dazu habe ich wenig Lust. Der andere Ausweg wäre, den Fluß hinaufzufahren."

„Nach Yongve", rief ich und klatschte vor Freude in die Hände.

Vater nickte und lächelte. Er wußte, wie ich Yongve liebte, Yongve, die stillgelegte Ölpalmenplantage, die Vater für ein Butterbrot ohne Butter erworben hat. Sie liegt gleichfalls am Fluß, ein paar Tagereisen weiter oben, gleich unterhalb der Stromschnellen, über die hinaus jedes Befahren des Flusses unmöglich ist. Yongve ist ein Paradies! Und es liegt so abseits, daß umherstreichende Räuberbanden es bestimmt nicht finden.

Für den Rest des Tages blieb ich in der Kajüte und vertrieb mir die Zeit, indem ich Kokosnuß kaute und mit Toto plauderte. Gegen Abend hörte ich den Schrei der großen Seeadler, die immer eine halbe Stunde vor Sonnenuntergang landwärts fliegen. Nach Sonnenuntergang ist es hier in diesen tropischen Breiten sofort stockdunkel, die Dämmerung dauert kaum fünf Minuten.

Als die letzten Sonnenstrahlen ins Wasser tauchten, kroch ich an Deck und setzte mich zu Vater und Pat. Wir hörten, wie die Kröten zu quaken begannen, und bald war es ganz dunkel. Vater wartete noch ein bißchen, dann zog er das Kanu längsseits, und Pat half mir hinein. Es war so dunkel, daß man die Hand nicht vor den Augen sah. Ich hörte Vater nachkommen und spürte, wie sich das Kanu neigte, als er es bestieg. Pat und Toto sollten auf dem Schoner bleiben und aufpassen, ob sich auf dem Nordufer etwas rührte. Sehen konnte man natürlich nichts.

Lautlos paddelte Vater das kurze Stück zum Ufer. Als wir anlegten, sagte er halblaut: „Faß hier an, dann ziehen wir das Boot ein bißchen hinauf, damit es nicht forttreibt."

Sobald das Kanu sicher an Land lag, ergriff Vater meine Hand; wir gingen lautlos hinauf zum Haus, um die Ecke des Ladens herum, und klopften an die Hintertür. Jemand kam zur Tür und öffnete sie. „Bist du es, Vater?" hörte ich John fragen.

Drin saßen sie im Dunkeln. Sie wagten nicht, Licht zu machen. Ich spürte Mutters Arme um mich. Da konnte ich mich nicht mehr beherrschen und fing an zu weinen. Mutter legte ihre Wange an die meine.

„Ihr müßt ja vor Hunger halb tot sein", sagte sie mitleidig. Sie sprach leise. Niemand sprach laut. Es war, als glaubten wir, jemand schliche in der Dunkelheit ums Haus. Ich hörte Bob und Arty herantapsen. Sie leckten mir die Hände.

„Lassen wir die Hunde hinaus", meinte Vater, „damit sich niemand ans Haus schleichen kann. Und vor die Fenster hängen wir Decken, dann können wir Licht machen. Was ist mit dem Kommandanten?"

„Er ist bei Bewußtsein", erwiderte Mutter. „Aber er hat starke Schmerzen."

„Schnell, verdunkeln wir die Fenster, damit wir Licht machen können", rief Vater.

Mutter ging ins Zimmer der Jungen, holte Decken und ging daran, sie vor die Fenster zu hängen. Wir tasteten uns hin und halfen ihr. Dann zündete Vater die Lampe an. Ich war an die Dunkelheit so gewöhnt, daß mir das Licht in den Augen stach.

Als ich ordentlich sehen konnte, war ich zunächst sehr erstaunt, wie viele Menschen sich im Zimmer befanden. Außer den Eltern, den Brüdern und mir war die Köchin da samt ihren Zwillingen, dann Vicente und Ocombe. Am erstauntesten war ich aber über zwei Soldaten mit voller Ausrüstung und Gewehr, die auf dem Boden saßen und mit den großen, schwarzen Augen blinzelten.

„Wo ist der Kommandant?" fragte Vater.

„Im Jungenzimmer", erwiderte Mutter. „Dort habe ich das Fenster schon verhängt, denn wenn ich nach ihm sehe, brauche ich die Taschenlampe."

„Wo ist er verwundet?"

„In der linken Brustseite, gleich unter dem Herzen. Ich habe die Wunde gewaschen und verbunden. Die Kugel ist am Rücken wieder ausgetreten. Er hat sehr viel Blut verloren."

Vater ging zu dem Verwundeten. Er kam sehr bald wieder zurück und holte die Lampe. Wieder saßen wir im Dunkeln. Die beiden Soldaten auf dem Fußboden hatten sich eine Zigarette angezündet. Jedesmal, wenn sie einen Zug machten, erhellte die Glut ihr schwarzes Gesicht. Ich saß ganz still da und dachte darüber nach, wie herrlich es wäre, nach Yongve zu gehen. Mit dem Motorschoner brauchte das nur ein paar Tage. Ob wohl die Köchin und die Boys auch mitkämen? Dann würden wir die Garnison bitten müssen, auf unsere Niederlassung aufzupassen. Doch jetzt, wo der Kommandant verwundet war? Wer würde jetzt das Kommando übernehmen? Wahrscheinlich schicken sie jemanden aus der Stadt, dachte ich.

Vater kam mit der Lampe zurück. Sein Gesicht war ernst.

„Was hältst du davon?" fragte Mutter.

Vater zuckte die Achseln.

„Wenn er durchkommt, dann verdankt er es nur seiner kräftigen Konstitution", antwortete er. „Er hat starke Schmerzen. Ich hoffe, daß er sie im Fieber nicht ganz so spürt."

Er setzte sich auf einen Stuhl. Eine Weile sprach niemand. Dann fing Vater wieder an:

„Das ist der Grund, warum ich nicht mehr auf die Jagd gehe."

„Wie meinst du das?"

„Ein Schuß tötet nicht immer. Genauso, wie er jetzt dort liegt und fiebert und sich in Schmerzen windet, genauso ergeht es auch einem zuschanden geschossenen Tier. Auf der Jagd tötet bei weitem nicht jeder Schuß sofort. Viel mehr Tiere werden schwer verwundet als erlegt. So ist es überall, wo man Tiere jagt. Nein, auf dieser Welt gibt es allzuviel Leid, ich muß es nicht noch vermehren."

Er stand auf. „Ich muß jetzt zurück zum Schoner", sagte er. „Wir wollen versuchen, das Ruder wieder richtig einzuhängen. Ohne Licht wird das nicht leicht sein." „Sei bloß vorsichtig", bat Mutter. „Kannst du nicht Ocombe und Vicente mitnehmen?"

„Ja, ich nehme Ocombe mit", erwiderte er und ging zum Gewehrschrank, nahm beide Jagdgewehre heraus und steckte eine Menge Munition ein. Ich sah, daß er auch den schweren Revolver in die Tasche steckte. Im Schrank blieben nur die kleine Vogelbüchse, das Schrotgewehr und die Elefantenbüchse zurück. Die Elefantenbüchse ist die reinste Kanone. Noch nie hat ein Boy gewagt, mit ihr zu schießen, wenn sie mit Vater unterwegs waren, um einen verwundeten Büffel oder Elefanten zu erlegen. Der Rückschlag des kurzen, schweren Rifles ist fürchterlich. „Habt keine Angst, weil ich die Gewehre mitnehme", sagte Vater und lächelte Mutter zu. „Aber es ist angenehm, zu wissen, daß man nicht ganz wehrlos ist, falls sie sich herüben bemerkbar machen."

„Ja, können sie denn das?" fragte Mutter und wurde blaß. „Bestimmt nicht", beruhigte sie Vater. „Außer sie finden etwas, womit sie übersetzen können. Aber sie sind feig und wagen sich in der Dunkelheit bestimmt nicht hinaus zu den Haien und Krokodilen."

Fatima kam aus dem Badezimmer, wo sie uns Essen gewärmt hatte. Dort haben wir nämlich einen kleinen Gaskocher. Niemand hätte Fatima dazu bewegen können, ins Küchenhaus zu gehen. Vater und ich aßen uns satt. Was übrigblieb, sollte Vater für Pat und Toto mit auf den Schoner nehmen.

Nacht ohne Licht

Als Vater und Ocombo die Türe öffneten und hinaus ins Dunkle traten, flitzten Bob und Arty herein. Die Hunde hatten Angst, im Finsteren draußen zu sein. Sie wußten genau, daß dann die großen Würgeschlangen auf Beute ausgehen. Wenn wir nicht aufpaßten, daß die Hunde nachts im Haus waren, bestand keine Aussicht, sie lange zu behalten. Auch jetzt hatten wir nicht das Herz, sie wieder hinauszujagen, und ließen sie zum Hundekorb unter dem Tisch laufen, wo sie sich niederlegen wollten. Nur lagen dort schon Feliz und Daniel. Die Hunde knurrten die Zwillinge an und wollten sie aus dem Korb vertreiben, die Jungen aber schliefen weiter. Da sprangen die Hunde einfach zu ihnen in den Korb, und bald schliefen alle vier auf einem Haufen. Auf dem Fußboden lagen die beiden Soldaten, das Gewehr neben sich. Fatima schlief in einem Sessel, Vicente auf dem Sofa. John und Mikael wußten nicht, wohin, denn in ihrem Zimmer lag ja der Verwundete. Ich sagte John, er könne sich in mein Bett legen, denn an Schlaf war für mich in dieser Nacht ohnehin nicht zu denken. Doch davon wollte Mutter nichts hören. Sie weckte Vicente, wies ihn an, Bettzeug zu holen und den Jungen im Elternschlafzimmer auf dem Fußboden ein Lager zu richten. Die Betten bekämen Vater und Pat, sobald sie zurückkämen. Sie selbst müsse beim Kommandanten wachen. Ich könne also ruhig in mein Zimmer gehen.

Mutter nahm die Lampe und verließ das Zimmer. Ich hielt es im Dunkeln nicht mehr aus, tastete mich in mein Zimmer und entkleidete mich, ohne Licht zu machen.

Mein kleines Zimmer liegt Wand an Wand mit dem Jungenzimmer, in dem die Mutter beim Kommandanten wachte. Ich hörte, wie er nach Atem rang; seine Lunge war ja verletzt. Schlimmer war aber, daß er ununterbrochen redete. Das kam vom Fieber. Ich zog mir das Decklaken über den Kopf, um nichts zu hören, doch das machte so warm, daß ich fast keine Luft bekam.

In meinem Fenster war richtiges Glas, nicht nur Jalousien. Wenn man das Fenster auch nur einen Spalt öffnete, fiel ein Moskitonetz herunter und verschloß die Öffnung. Also konnte ich beruhigt aufstehen und das Fenster auf halb stellen. Sofort strömte die frische Nachtluft herein.

Mein Fenster führte auf den schmalen Durchgang zwischen Laden und Küchenhaus. So wie die Lage nun einmal war, lag ich unwillkürlich ganz still da und lauschte auf jedes Geräusch von draußen. Anfangs hörte ich nur die vertrauten Laute: das Geschrill der Zikaden, das trockene Knirschen der Heuschrecken, das Quaken der Riesenkröten, und das leise Rascheln der kleinen Eidechsen, wenn sie an der Mauer hochkletterten. Doch plötzlich vernahm ich ein lauteres Geräusch, ein Rascheln, das nicht von den Eidechsen stammte. Ich erstarrte vor Schreck. Da schlich doch jemand am Haus entlang! Gleich darauf hatte ich die Gewißheit, daß meine Vermutung richtig war. Das halb offene Fenster erhielt einen Stoß, daß das Glas klirrte. Jemand war im Dunkeln mit dem Kopf daran gestoßen.

Mit angehaltenem Atem stand ich auf, Schreckensschauer liefen mir über den Rücken. Derjenige, der gegen mein Fenster gestoßen war, verhielt sich ganz still.

Ich kann nicht sagen, wie lang es dauerte. Ich stand bloßfüßig, steif wie ein Bock, mitten im Zimmer auf dem Boden. Da hörte ich zu meiner Erleichterung, daß sich die Person draußen weiter die Mauer entlangschob.

Ich streckte die Arme aus und tastete nach meinem Morgenrock. Er hing an seinem Platz. Ich schlüpfte hinein. Und was jetzt? Wie, wenn der ganze Spuk nur in meiner Einbildung bestanden hatte?

Wie, wenn ich zu den Jungen ging, sie weckte, und es war ein falscher Alarm? Doch, nein, der Stoß gegen mein Fenster, der bestand nicht nur in meiner Einbildung ...

Im Morgenrock fühlte ich mich mutiger. Lautlos schlich ich zum Fenster und lauschte. Die Insekten machten solchen Lärm, daß es alle anderen Geräusche übertönte, trotzdem schien mir, daß ich hörte, wie der Haken vor der Küchentüre hochgehoben wurde.

Nun zögerte ich nicht länger, sondern lief ins Wohnzimmer, wo ich prompt über die beiden Soldaten auf dem Boden stolperte. Ich stieg über sie hinweg, tastete mich zur Tür des Elternschlafzimmers, öffnete sie und ging hinein. Mikael schnarchte wie gewöhnlich, und ich wußte aus Erfahrung, daß es sinnlos war, ihn zu wecken zu versuchen. Außerdem war Mikael einer solchen Situation nicht gewachsen.

„John", sagte ich laut.

John hat einen leichten Schlaf. Er war sofort wach.

„Was ist los?"

„Jemand ist in der Küche."

Ich hörte, wie John im Bett hochfuhr.

„Woher weißt du das?"

„Ich hab's gehört. Bitte, komm!"

„Blödsinn."

Doch ich gab nicht nach. Schnell berichtete ich, was ich gehört hatte. John ließ sich überzeugen.

Aus den nun folgenden Geräuschen erriet ich, daß er die Kommodenschublade aufzog.

„Was suchst du denn?"

„Die Taschenlampe. Hab' sie schon."

Wir verließen das Zimmer. John knipste die Lampe an und beleuchtete die beiden auf dem Boden schlafenden Soldaten. Sie waren ja hier, um uns zu bewachen, also war es nur richtig, sie zu wecken. John schubste sie mit dem nackten Fuß an. Er trug nur die Pyjamahose. Die Neger wachten sofort auf. Flüsternd erklärte ihnen John, worum es ging. Sie standen auf und nahmen ihr Gewehr. Dann weckte John Vicente, der sich mit einer Machete bewaffnete. In unserem Haus lagen nämlich überall Macheten herum, und niemand geht auch nur bis zum Waldrand, ohne eine mitzunehmen.

Nun knipste John die Lampe aus. Unter der Tür zum Jungenzimmer, wo Mutter beim Kommandanten wachte, drang ein schwacher Lichtschein hervor.

„Kein Wort zu Mutter", flüsterte John mir zu. „Versprichst du das?"

Als John die Tür öffnete, sprangen die Hunde aus dem Korb und wollten mitlaufen. Er hieß sie beide wieder hinlegen. Dann ging er mit den drei Eingeborenen hinaus. Sie zogen die Tür leise hinter sich zu.

Wir machen Gefangene

Der Verwundete nebenan redete laut im Delirium. Hin und wieder stieß er einige halb erstickte Schreie aus. Mutter versuchte, ihn durch sanfte Worte zu beruhigen. Plötzlich kam mir der Gedanke, der Kommandant liege im Sterben. Doch das machte nicht den gebührenden Eindruck auf mich, denn ich war innerlich sozusagen ganz damit beschäftigt, was John und den drei Eingeborenen drohte. Schließlich hatte ich sie alarmiert! Hätte ich sie nicht hinausgeschickt ... Mir war, als könnte ich jeden Augenblick eine Verzweiflungstat unternehmen. Ich tastete mich zur Hintertür, blieb dort stehen und lauschte. Gott sei Dank, noch wurde nicht geschossen. Doch vielleicht lagen die Mörder gleich um die Hausecke auf der Lauer! Ich konnte einfach nicht anders, sondern öffnete die Tür einen Spalt breit und versuchte in der schwarzen Nacht etwas zu sehen. Natürlich war das vergeblich. Nicht einmal ein Glühwürmchen ließ sich blicken.

Bob und Arty drückten sich an meine nackten Beine. Das war mir wie ein Trost. Ich hätte nie gedacht, daß die beiden Terrier, die sich sonst in der Nacht so fürchteten, freiwillig in die Finsternis hinauslaufen könnten, doch plötzlich stießen sie die Türe auf, stürzten hinaus und bellten aus Leibeskräften.

Ich ließ die Tür offenstehen. Da sah ich den Schein von Johns Taschenlampe und hörte erregte Stimmen. Wie mit einem Schlag brach das Gebell ab, und die Hunde knurrten nur noch. Da konnte ich mich nicht länger beherrschen, ich lief bloßfüßig hinaus auf den Beton und zu der Stelle, auf die das Licht der Taschenlampe fiel.

Das erste, was ich wahrnahm, waren Bob und Arty, die über einem Mann standen, der auf dem Rücken lag. Ihre gefletschten Zähne leuchteten weiß.

Der auf dem Boden Liegende war ein junger Neger. Er hielt die Arme vors Gesicht, um sich vor den Hunden zu schützen.

Mehr sah ich im Augenblick nicht, doch als sich meine Augen an das Licht gewöhnt hatten, erkannte ich ein Stückchen weiter Johns nackte Beine, die Langschäfter der beiden Soldaten und Vicentes bloße schwarze Füße. Aber da waren doch noch ein paar Beine! Sie waren gleichfalls schwarz. Die mußten dem Dieb gehören – oder wie man ihn nennen sollte. Und der Junge, der auf dem Boden lag? Waren es ihrer zwei gewesen? Die Soldaten standen neben dem einen Gefangenen und hielten ihm die Arme auf den Rücken gedreht. John rief die Hunde zurück, Vicente packte den Jungen auf dem Boden und stellte ihn auf die Beine.

„Bringt die beiden ins Zimmer, und hören wir, was sie zu sagen haben", befahl John. „Los!"

Im Zimmer war es nun hell. Mutter hatte den Hundelärm gehört und war mit der Lampe gekommen. Die beiden Gefangenen wurden mit dem Rücken ans Klavier gestellt, die einzige Stelle, wo genügend Platz war.

Es waren zwei ganz junge Burschen. Sie trugen nur zerlumpte Shorts, und die waren triefnaß. Die Burschen zitterten am ganzen Körper vor Angst.

„Na also", begann John. „Was wolltet ihr beiden stehlen?"

Die Burschen rissen nur die Augen auf, daß das Weiße leuchtete.

„Antwortet!" rief John barsch.

Sie schüttelten den Kopf. Offensichtlich verstanden sie nicht. Mutter, die mehrere afrikanische Dialekte spricht, mußte sie verhören. Sie erklärten, sie hätten nicht stehlen wollen. Sie waren so hungrig, daß sie versucht hatten, etwas zu essen zu finden. Das konnte stimmen, denn man hatte sie in der Küche erwischt, aber davon erwähnte Mutter nichts. Als sie fragte, woher sie kämen, erwiderten sie, sie seien über den Fluß geschwommen. Was blieb uns übrig, als ihnen zu glauben.

Nun stimmt es ja, daß Haie bei Dunkelheit selten oder nie angreifen, den Krokodilen jedoch ist das egal. Also war es das reine Wunder, daß die beiden mit heiler Haut über den Fluß gelangt waren.

Fatima saß im Sessel, in dem sie geschlafen hatte. Inzwischen war sie aufgewacht, begriff aber wohl keinen Deut. Sie betrachtete die zwei Burschen, und es sah aus, als dächte sie, die beiden seien vom Himmel gefallen.

40

„Bring ihnen etwas zu essen", sagte Mutter zu ihr. „Geh in den Laden und hol etwas."

Fatima ist eine dumme Gans! Sie war von allem, was sich ereignet hatte, so verstört, daß sie sich nicht in den dunklen Laden wagte. Also ging ich hinaus und holte den beiden Burschen Brot und Wurst. Sie schlangen alles hinunter. Hinterher unterhielten sie sich eifrig mit Mutter. Sie übersetzte uns nicht alles, immerhin erfuhren wir, daß es am Nordufer des Flusses von Flüchtlingen nur so wimmelte. Die Bande, die auf den Kommandanten geschossen hatte, hatte die Hoffnung aufgegeben, die Garnison besiegen zu können, und war wieder ins Hinterland gezogen, wo sie überall plünderte und mordete. Die beiden Burschen berichteten, daß diese Bande aus Stadtnegern bestehe, die einen anderen Dialekt sprächen als die Eingeborenen unserer Gegend, daß sie Uniformen trügen und mit Gewehren und Handgranaten bewaffnet seien. Das unterstrich, was der Schotte gesagt hatte: es seien Banditen, die sich hatten anwerben lassen, um in den Besitz von Waffen zu kommen, damit sie für ihre eigene Tasche rauben und plündern konnten. Doch nun war diese Bande also weg, und wir brauchten vor ihren Gewehren keine Angst mehr zu haben. Wir hatten also verhältnismäßig gute Neuigkeiten für Vater und Pat, wenn sie an Land kamen. Allerdings muß man sagen, daß die Lage im großen und ganzen alles andere als gut war, doch man empfand es immerhin als Trost, daß keine unmittelbare Gefahr mehr bestand. Wir zündeten unbesorgt Licht an, und sofort wirkte alles ziemlich normal.

Man will uns alles nehmen, was wir besitzen

Von dem schwer verwundeten Kommandanten abgesehen, war am nächsten Tag alles wie immer. Vater arbeitete in der Bäckerei, Mutter im Laden und Fatima in der Küche. Ein Soldat, ein ausgebildeter Sanitäter, saß am Bett des Kommandanten. Im Lagerraum stapelten die Boys Kokosnüsse. Vorläufig konnte keine Rede davon sein, den Schoner zu beladen und die Last fortzubringen.

John, Mikael und Pat befanden sich an Bord und mühten sich mit der Reparatur des Ruders ab. Am Abend zuvor, in der Dunkelheit, war es ihnen nicht geglückt. Ich schlenderte in Gesellschaft der kleinen Jungen und der Hunde herum. Die beiden jungen Eingeborenen, die in der Nacht über den Fluß geschwommen waren, saßen satt und faul unter dem Brotfruchtbaum. Das Nordufer wimmelte von Flüchtlingen, im Schatten der Palmen lagen sie herum oder beschäftigten sich mit irgend etwas. Wir sahen auch, daß sie auf die Palmen kletterten und Nüsse herunterholten. Über die Flußbreite drang das Weinen der Kinder.

Da rief jemand von drüben, wir sollten ihnen die Kanus leihen. Aber so dumm waren wir nicht. Es war besser, sie blieben drüben. Wenn sie herüberkämen, hätten sie in Kürze alles aufgegessen, was wir besaßen.

Die Garnisonsoldaten, ohne Führung, trieben sich herum. Zwei von ihnen waren nach Süden geschickt worden, um von einem Radiosender aus, der ein paar Meilen von der Grenze entfernt lag, Meldung zu erstatten. Die beiden hatten Fahrräder und waren bei Ebbe über den Strand davongeradelt. Über die kleinen Flüsse wollten sie schwimmen und die Räder dabei nachziehen. Die Flüsse waren schmal und seicht, also ließ sich das gefahrlos machen.

Aus dem Dorf kamen Leute und kauften bei Mutter ein. Auch sie hatten Angst, die Flüchtlinge vom Nordufer könnten auf irgendeine Art den Fluß überqueren. Und tatsächlich gelang ihnen das schon in der nächsten Nacht. In der Finsternis trotzte ein mutiger Bursche den Krokodilen und schwamm herüber. Ohne daß wir es merkten, stahl er ein Kanu. Das war entscheidend. Als wir am nächsten Morgen erwachten, war die Überfuhr in vollem Gang. Unmittelbar vor dem Laden hatten sich zwei Großfamilien niedergelassen, ein ganzer Haufen Frauen, Männer und Kinder, die stumm dahockten und hungrig auf die Ladentür starrten. Als Vater sie sah, wurde er zornig. Er nahm ein Gewehr und tat, als wolle er schießen, wenn sie mit dem Übersetzen nicht aufhörten und das Kanu sofort zurückbrächten. Die Armen, die soviel Brutalität erlebt hatten, gehorchten sofort. Jetzt befahl Vater den Soldaten, Tag und Nacht vor unserem Haus Wache zu halten.

Es stand Vater ja nicht zu, die Soldaten zu kommandieren, doch sie gehorchten, ohne aufzumucken.

Mehr als zwanzig Personen waren über den Fluß gesetzt, Erwachsene und Kinder. Natürlich konnten wir sie nicht hungern lassen. Die Eltern ließen Fatima einen großen Kessel Suppe kochen, die wir in Konservenbüchsen austeilten. Dazu bekam jeder eine dicke Scheibe frischen Brotes. Das mußte für den Tag reichen. Die Eingeborenen waren froh und dankbar und fühlten sich über die Kokosnuß essenden armen Teufel am anderen Ufer erhaben.

So vergingen ein paar Tage. Die Flüchtlingsschar am Nordufer schwoll immer mehr an. Es wimmelte jetzt geradezu von Menschen. Zum Glück hielt der Fluß sie zurück — das heißt, ihre Angst vor Haien und Krokodilen.

Am dritten Tag ging unser Fleischvorrat zu Ende, also sagte Vater, die Jungen sollten fischen. Der Fluß, der sehr fischreich ist, bildete für uns eine unerschöpfliche Nahrungsquelle. Mit der Flut kamen große Seebarsche herein. Von denen nährten sich zwar die Haie und Krokodile, dennoch blieb für uns mehr als genug übrig. John, Mikael und ich legten an einer Stelle, wo der Boden, wie wir wußten, sauber war, ein Schleppnetz aus. Jedes Mal, wenn wir das Netz einholten, hatten sich mehrere große Barsche darin gefangen.

Also bekamen die Flüchtlinge Fischsuppe. Wir kochten die Fische zusammen mit Yuka. Das ist eine große, rübenartige Knolle, die von einem Busch stammt. Die Eingeborenen essen sie gern. Sie ist sehr stärkehaltig und schmeckt wie Kartoffeln. Suppen, die man mit Yuka kocht, braucht man nicht mit Mehl anzudicken.

Wir waren nun gezwungen, das Brot zu rationieren. Die erwachsenen Flüchtlinge bekamen zur Suppe nur noch eine Viertelscheibe pro Kopf, die Kinder etwas mehr. Vater buk und buk und seufzte, wenn der Aufstand nicht bald vorüber sei, bedeute das seinen Konkurs. Doch so schlimm war es wohl nicht, denn den Fisch hatten wir ja umsonst.

Eine Woche verging. Da hörten wir eines Nachmittags in der Luft Motorenlärm. Ein großes Flugzeug steuerte unseren Flugplatz an. Es kreiste längere Zeit, ehe es niederging. Das klang wie ein schweres Gewitter. Ganz anders als unsere kleine, schwankende Piper. Das große Flugzeug hatte zwei Motoren.

Die Boys rannten hin, um Rose in Sicherheit zu bringen, doch sie hatte sich aus Angst vor dem Ungeheuer losgerissen und kam von selbst dahergaloppiert.

Wer sich irgend freimachen konnte, ließ fallen, was er in Händen hatte, und lief zum Flugplatz. So eine große Maschine war dort noch nie niedergegangen! Sie kam erst weit drinnen im ungemähten Gras zum Stehen, das nicht geschnitten wurde, weil man für die kleine Piper so eine lange Landebahn nicht brauchte.

Kaum war das Flugzeug ausgerollt, als ein weißer Mann heraussprang. Hinter ihm eine Menge eingeborener Soldaten in den braunen Uniformen der Regierungstruppen mit den grünen Schulterklappen. Es waren ihrer zwanzig, also sieht man, wie groß das Flugzeug war.

Der Weiße ging auf Vater zu und stellte sich vor: Hauptmann Smith. Die Soldaten setzten sich in einer Reihe auf der Erde nieder.

Smith war Deutscher und stand im Dienst der schwarzen Regierung. Jetzt war er hier, um den Kommandanten abzulösen. Als Vater die schwere Verwundung erwähnte, zuckte Smith die Achseln.

Als die eingeborenen Piloten eine Zigarette geraucht hatten, bestiegen sie wieder das Flugzeug, rollten über die ganze Grasfläche und hoben endlich ab.

Hauptmann Smith sagte, sie würden fünf Flüge machen und insgesamt hundert Soldaten einfliegen.

„Wenn also jemand von Ihrer Familie nach Süden will, böte sich jetzt die beste Gelegenheit", erklärte der neue Kommandant.

Sicher war er ein netter Mensch. Nur furchtbar alt. Mindestens vierzig. Doch er spaßte und lachte und zeigte die weißen Zähne.

Er gefiel mir eigentlich, und er benahm sich auch immer aufmerksam und höflich.

Mutter begegnete er allerdings erst später, als er in unser Haus kam. Zuerst inspizierte er die Soldaten, ließ die zwanzig neuen und die achtzehn alten sich in Reih und Glied aufstellen. Dann inspizierte er das Kommandantenhaus und befahl sofort einigen Soldaten, es zu säubern. Anscheinend wollte er einziehen, ohne den Armen zu fragen, der mit seinem Lungenschuß bei uns lag.

Das Flugzeug kam und ging mit ein paar Stunden Zwischenraum. Doch vor Einbruch der Dunkelheit konnten sie nur noch zwei Flüge machen. Also kamen an diesem Tag vierzig neue Soldaten sowie eine Menge Waffen, Munition und Proviant. Mikael, der auf dem Flugplatz zusah, berichtete, sie hätten zwei Feldgeschütze, zwei Maschinengewehre und sehr viele Gewehre mitgebracht.

Immer, wenn Weiße zu Besuch kamen, machten meine Eltern daraus ein großes Fest. Im Grund waren solche Besuche ja selten. Jetzt also ging Vater sofort daran, einen großen Kuchen zu backen, und Mutter hatte mit Fatima in der Küche alle Hände voll zu tun. Die Boys schlachteten junge Hähne. Es tat mir richtig weh, an die armen Flüchtlinge zu denken, die mit ihrer Fischsuppe an der Uferböschung saßen, während es aus der Küche so gut nach gebratenen Hühnern und Pfeffer und Zwiebeln roch. Gar nicht zu reden von den armen Teufeln, die am jenseitigen Ufer Kokosnüsse aßen. Aber bis dorthin drang der Küchenduft wohl nicht.

Das Nordufer war jetzt schwarz von Menschen. Vater schätzte die Flüchtlinge auf viele hundert.

Hauptmann Smith war auf die Minute pünktlich. Unsere Boys trugen aus Anlaß seines Besuchs Shorts und blütenweiße Hemdem. Ich hatte mein bestes Kleid hervorgeholt, aber es war viel zu lang. Ich bat Mutter, ob ich es zehn Zentimeter über dem Knie abschneiden dürfe, doch sie erlaubte es nicht. Anfangs schämte ich mich wegen des altmodischen Kleides, doch ich vergaß es bald, so witzig war der Hauptmann. Und er unterhielt sich mit mir genausoviel wie mit Vater und Mutter.

Er schien mir eine nette und unterhaltsame Bekanntschaft zu sein, und ich freute mich auf eine angenehme Zeit. Doch als wir gegessen hatten und auf der Terrasse saßen — die Herren mit einer Zigarette und einem Glas Wein —, da sagte der Hauptmann, er habe leider eine unangenehme Überraschung für uns.

„Nun?" fragte der Vater kurz.

„Es tut mir leid", sagte der Hauptmann bedauernd. „Ich habe den Befehl, Ihr Warenlager zu beschlagnahmen."

„Warum?" fragte Vater beherrscht.

„Weil wir hier auf der Landzunge zwischen Fluß und Meer eine Stellung ausbauen müssen. Deshalb ist es leider auch erforderlich, Sie und Ihre ganze Familie zu evakuieren."

Ich habe schon erwähnt, wie Vater, Mutter, John und ich unser Punto Campo lieben. Einfach unvorstellbar, irgendwo anders zu leben! Sicher fand ich Yongve wunderschön und sehr gemütlich, unser Heim aber war die Flußmündung. Und von hier sollten wir verjagt werden! Fremde Menschen würden in unser Haus einziehen. Alles, was Vater und Mutter aufgebaut hatten, sollte uns genommen werden. Ich weiß, daß nicht nur ich, sondern wir alle das Gefühl hatten, die Welt stürze ein. Plötzlich haßte ich den Hauptmann.

Da sagte Vater so ruhig, als handelte es sich um ein paar Mehlsäcke aus der Bäckerei:

„Dagegen kann ich wohl nicht an. Wenn Sie wirklich den Befehl haben, hier die Gebäude und die Waren zu beschlagnahmen, dann müssen Sie es tun. Aber um die Evakuierung werde ich mich schon selbst kümmern."

„Wie wollen Sie das anfangen?" fragte der Hauptmann.

„Ich habe den Schoner", gab mein Vater zurück.

Der Hauptmann trank sein Glas leer. Er sprach langsam: „Der Schoner, ja. Gehört der nicht eigentlich auch zu den Dingen, die ich beschlagnahmen muß? Natürlich wird die Regierung Sie entschädigen. Alles wird schriftlich aufgenommen, und ich unterschreibe die Liste. Sie werden daran nicht verlieren. Eher glaube ich, daß es für Sie ein gutes Geschäft wird. Aber darauf kommen wir später zurück."

Dann verabschiedete sich der Hauptmann. Wir anderen blieben auf der Veranda sitzen.

„Da machen wir nicht mit", rief die Mutter nach kurzem Schweigen aufgebracht. „Zwingen können sie uns nicht."

„Doch, ich glaube, das können sie", widersprach Pat ruhig. „Faktisch ist ja Krieg im Land. Ihr könnt euch natürlich ans Konsulat wenden, auch direkt an die Regierung, nur glaube ich nicht, daß es viel nützt."

„Das Warenlager und alles andere können sie meinetwegen haben", preßte der Vater zwischen den Zähnen hervor. „Nur nicht den Schoner."

„Und Rose?" fragte die Mutter.

„Rose gehört wohl zum Warenlager."

An diesem Abend ging niemand zeitig schlafen. Wir arbeiteten einen Plan aus, und dabei gab es viel zu überlegen. Nicht zum wenigsten wegen des schwarzen Kommandanten, der verwundet bei uns lag und unsere Pflege brauchte. Zum Glück ging es ihm schon viel besser. Vater meinte, er sei außer Gefahr, und ab nun genüge der schwarze Sanitäter als Pfleger. Denn unser Plan war es zu verschwinden. Dabei wollten wir soviel wie möglich von unserem Eigentum mitnehmen, es an Bord des Schoners bringen und den Fluß hinauf nach Yongve fahren. Dort ist ringsum nur Wildnis, riesige, menschenleere Gebiete. Afrikas mächtiger Regenwald.

Wir bereiten unsere Flucht vor

Wir zögerten nicht. Wir gingen sofort an die Arbeit. Unter Johns Anleitung verfrachteten die Boys Proviant aus dem Laden zum Ufer. Im Schutz der Dunkelheit wurde alles ins Lastkanu verladen: zwei große Mehlsäcke aus der Bäckerei, viele Kisten mit Fleischkonserven und Sardinen aus dem Laden, ein Sack Salz, ein Sack Zucker, Kaffee, Tee und vieles andere. Als das

Kanu voll war, paddelten sie es hinaus zum Schoner und luden die Waren um. Sie fuhren noch ein paarmal und holten Bettwäsche, Bettzeug und dergleichen. Um die Gewehre, das Schrotgewehr und alle Munition kümmerte Vater sich persönlich. Mutter packte mit Fatima unsere Kleider und das Küchengerät ein. Meinen Koffer füllte ich selbst an. Als ich damit fertig war, war mein Zimmer ganz kahl.

Da war es schon tief in der Nacht. Ich warf mich aufs Bett und schlief sofort ein. Die anderen arbeiteten bis zum hellen Morgen weiter und wurden trotzdem nicht fertig. Denn anschließend mußten die Spuren der nächtlichen Tätigkeit verwischt werden. Der Hauptmann durfte nichts merken. Dabei sah es im Laden aus, als hätten die Heuschrecken darin gehaust. Wir hatten ja ungefähr die Hälfte des Lagers verpackt. Alle waren nach der Anstrengung todmüde, trotzdem mußte der arme Vater in die Bäckerei gehen und tun, als sei es ein Tag wie jeder andere. Er backte wie immer, und die Garnison und wir bekamen frisches Brot.

Nach dem Mittagessen kam der Hauptmann zu uns herunter. Er lächelte so verschmitzt, daß ich mich fragte, ob er unsere Fluchtpläne ahnte. Auf der Böschung unterhalb der Bäckerei saßen die Flüchtlinge, die wir verpflegten. Sie hatten eben ihre Fischsuppe bekommen.

„Wir können diese Menschen nicht hier behalten", erklärte der Hauptmann. „Wir müssen sie wieder über den Fluß setzen."

Bald darauf kamen Soldaten und hießen die Flüchtlinge das Lastkanu besteigen, das nur zu deutlich die Spuren unserer nächtlichen Tätigkeit aufwies: Mehl, das aus den Säcken gestaubt war, abgefallene Etiketten und anderes. Doch schien niemand etwas zu merken. Die Flüchtlinge wurden hineinverfrachtet und auf dreimal über den Fluß geschafft. Damit waren sie dem Elend auf der anderen Seite wieder ausgeliefert. Und nicht einmal dort durften sie bleiben. Der Hauptmann paddelte mit ein paar Soldaten hinüber und befahl allen zu verschwinden. Nur — wo sollten die armen Teufel hin?

Als Hauptmann Smith zurückkam, bemerkte er zu Vater, daß die Zahl der Flüchtlinge ständig wachse.

„Wir müssen dafür sorgen, daß der Menschenstrom einen anderen Weg nimmt", sagte er ernst.

Auch Vater war der Meinung, es müsse etwas geschehen, doch er hätte nie so drastisch gehandelt wie der Hauptmann. Denn als die Flüchtlinge auf dem Nordufer dem Befehl zu verschwinden nicht gehorchten, brachte die Garnison die beiden Geschütze vor die Bäckerei und richtete die Rohre hinüber.

„Sie haben doch nicht die Absicht, auf die Flüchtlinge zu schießen?" fragte Mutter entsetzt.

„Natürlich nicht, wir wollen sie nur ein bißchen erschrecken", beruhigte sie der Hauptmann.

Und dann begann eine Kanonade, daß wir uns die Ohren zuhalten mußten.

Natürlich war der Hauptmann nicht so grausam, die armen Unschuldigen aufs Korn zu nehmen. Die Soldaten hatten Order bekommen, hoch zu schießen, aber nicht höher, als daß die Geschosse die Baumwipfel trafen, Äste knickten und Zweige abrissen, so daß alles den Eingeborenen auf den Kopf prasselte. Da zögerten sie nicht mehr. Sie schrien vor Angst auf und liefen in den Wald. Keine halbe Stunde war vergangen, und alle waren verschwunden.

Der Hauptmann lachte.

„Man muß sich hart machen", sagte er. „Man kann nicht zulassen, daß sich diese vielen Menschen am Ufer zusammenballen. Bald würden Seuchen und alle möglichen Krankheiten ausbrechen. Und zu fürchten haben sie nichts. Die Söldnerbanden existieren kaum noch, und die ‚Ausbrecher', wie man die Aufständischen nennt, sind ja ihre eigenen Leute. Sie würden ihnen nichts anderes antun, als ihnen die Nahrungsmittel wegzunehmen. So wie die Lage ist, wird der Aufstand in weniger als zwei Wochen niedergeschlagen sein. Wirklich ein Jammer, daß ich hieher kommen und bei Ihnen requirieren muß. Aber Befehl ist Befehl. Leider kann ich nicht anders handeln. Am besten, wir fangen gleich damit an, das Verzeichnis der Waren anzulegen."

Mutter war im Haus gewesen und hatte mit dem Verwundeten gesprochen, und kam gerade in dem Augenblick heraus, als Vater und der Hauptmann mit Hilfe der Jungen die Liste der Waren

in Laden und Lager anlegen wollten. Als sie sah, wie müde Vater war, flüsterte sie ihm zu, er solle hineingehen und sich niederlegen. Alle anderen hatten ja geschlafen, während Vater in der Bäckerei arbeitete.

Vater folgte ihrem Rat, und das erwies sich als günstige Lösung. Denn entweder tat dem Hauptmann von vornherein leid, was er uns antun mußte, oder Mutter verstand ihn besser zu nehmen, jedenfalls endete es damit, daß der Hauptmann zu lachen anfing und ausrief: „Welche Komödie! Ich verstehe von Bestandsaufnahmen soviel wie ein Eskimo vom Weinbau. Wissen Sie was, ich gehe jetzt und überlasse es Ihnen, eine Liste des Vorhandenen aufzustellen. Dann besprechen wir, welche Summe wir für die Nutzung der Gebäude und eventuelle Schäden an ihnen einsetzen. Ich versichere Ihnen, es wird nicht viele Wochen dauern und alles ist wie zuvor, und Sie können, wenn Sie es wünschen, wieder hieher zurückkehren. Schreiben Sie also die Rechnung und bringen Sie sie mir."

„Sie wird nicht klein sein", warnte ihn die Mutter.

„Sie soll auch nicht klein sein", erwiderte der Hauptmann lachend und ging zur Tür.

Mutter seufzte erleichtert auf. In der Tür drehte sich der Hauptmann um, lachte wieder und schaute Mutter ins Gesicht.

„Und dann wäre da noch der Schoner", sagte er. „Den haben wir wohl vergessen. Aber wissen Sie — vielleicht ist es besser, wir erwähnen ihn gar nicht. Das Steuer ist ja kaputt, er ist also nicht fahrtüchtig. Nein, vom Schoner sagen wir nichts, das ist sicher das Beste."

Mutter wurde feuerrot. Sie stammelte etwas, das wie Dank klang, doch Hauptmann Smith tat, als hörte er nicht, wandte uns den Rücken zu und ging endgültig.

Keiner erwähnte etwas davon, daß das Ruder des Schoners längst in Ordnung gebracht worden war.

Den Fluß hinauf

Wir warteten bis zum Einbruch der Dunkelheit. Dann bestiegen Vater, Mutter und ich eines der mittelgroßen Kanus. Pat, Mikael, die Zwillinge und die Hunde nahmen ein anderes. Wir paddelten hinaus auf den Fluß. John, Toto und Fatima warteten indessen am Strand. Die Flut war da, und die Strömung verlief rasch den Fluß hinauf. Es war so dunkel, daß wir einander nicht sahen. Die afrikanische Finsternis ist schwarz wie Samt, man hat das Gefühl, sie an der Haut zu spüren. Über uns blinkten die Sterne, doch ihr Licht reichte nicht bis zu uns herunter.

Ich begreife nicht, wie Vater den Schoner fand, doch ich hörte plötzlich, wie das Kanu an seiner Flanke scheuerte. Gleich darauf stieß auch das andere Kanu an. Wir stiegen an Bord, ohne ein Wort zu sprechen, und setzten uns an Deck nieder. Licht zu machen wagten wir nicht. Das eine Kanu wurde achtern vertäut, in dem anderen paddelte Pat zurück, um die am Ufer Wartenden zu holen.

„Wo sind Ocombo und Vicente?" flüsterte ich Vater zu.

„Sie kommen weiter oben an Bord", erwiderte er gedämpft. „Jetzt legen wir bald ab."

Den großen Anker hatten sie schon früher gelichtet. Der Schoner drehte sich vor dem leichten Anker in der Strömung, er erinnerte mich an einen ungeduldigen Hund, der an der Leine zieht und fortgehen will. Um den leichten Anker zu lichten, brauchten wir das Spill nicht. Ein paar Minuten später waren auch die anderen bei uns. Ich konnte sie eben wahrnehmen, als sie über die Reling kletterten. Sofort lichteten wir den Anker, und die Strömung erfaßte den Schoner.

Vater wagte nicht, den Motor anzuwerfen, solange wir noch halbwegs in Hörweite der Garnison waren. Wir sahen das Licht im Kommandantenhaus und in den Hütten der Soldaten, doch die Strömung führte uns rasch flußaufwärts und bald blieben die Lichter zurück. Schließlich war hinter uns nur mehr Dunkelheit. Da drehte Vater den Scheinwerfer an.

Ich hatte erwartet, nur das schwarze Wasser voraus und sonst nichts zu sehen. Statt dessen blickte ich geradewegs in eine grüne

Wand. Das war der Dschungel! Unser Bugspriet berührte fast die Luftwurzeln der Mangroven, die wie dicke Taue aussahen. Wir waren so nahe ans Ufer getrieben worden, daß die Gefahr bestand, im Mangrovenwald zu stranden. Nun warf Vater den Motor an und berichtigte den Kurs. Da war es, als zöge sich der Wald mit seinem Gewirr von Stämmen und Wurzeln von uns zurück.

Unser Scheinwerfer ist auf einer zwei Meter hohen Stange befestigt, die man im Notfall umlegen kann. Sie steht ganz vorn und ist drehbar. John ließ den Lichtkegel über den Wald und den Fluß streichen. In seinem Schein wirkten die an sich schon riesigen, mehr als vierzig Meter hohen Bäume noch höher. Hie und da meinte man in der grünen Wand schwarze Löcher wahrzunehmen, aber das war nur der Schatten eines großen Astes. Am phantastischsten, ja, wirklich angsteinflößend, waren die viel niedrigeren, aber koboldartig verdrehten, durcheinandergefilzten Mangrovenwurzeln. Es war, als schlängelten und verflöchten sich tausend Millionen Schlangen über und in dem schwarzen Wasser. Hie und da stand ein Baum auf Stelzen mitten im Fluß und neigte sein Gezweig über seine Oberfläche. An anderen Stellen sahen wir Trampelpfade. Dort hatten sich Krokodile und Flußpferde Tunnels durch das scheinbar undurchdringliche Grün gebrochen.

Pat stand am Ruder. Vater gab das Kommando, mitten in den Fluß zu halten. John drehte den Scheinwerfer nach rechts.

Obwohl der Scheinwerfer sehr stark ist, nahm man am anderen Ufer den Wald nur gerade noch aus. So breit ist der Fluß. Den Wald am Südufer sahen wir als düstere, graue Mauer.

„Da ist es", rief John plötzlich.

Gleichzeitig sahen wir ein Stück voraus am Südufer ein flakkerndes, rotes Licht, ein Reisigfeuer, an einer Stelle, wo in die grüne Mauer ein Durchschlupf gehauen war. Es waren die Boys, die auf uns warteten.

„Warum sind sie nicht mit uns zusammen an Bord gegangen?" fragte ich Mutter.

„Wart ab", vertröstete sie mich, und ich hörte ihrer Stimme an, daß sie lächelte.

Wir machten gute Fahrt. Noch ein paar Minuten, dann sahen wir die schwarzen Gestalten Vicentes und Ocombos, die im Licht des Scheinwerferkegels herumtanzten. Doch da war noch eine „Gestalt", wenn ich so sagen darf. Rose. Sie stand offensichtlich an einen Baum gebunden.

Jetzt war mir klar, warum die Boys hierher gekommen waren, um zuzusteigen. Ich wurde so glücklich, daß ich Mutter um den Hals fiel und sie abküßte. Der Gedanke, wir hätten Rose ihrem Schicksal überlassen, war die ganze Zeit wie eine Last auf mir gelegen. Ich tanzte auf dem Deck umher, so froh war ich.

Mit gedrosseltem Motor glitten wir aufs Ufer zu. Ich winkte hinüber zu den Boys und rief Roses Namen. Die Boys lachten vor Freude, daß wir gekommen waren. Wahrscheinlich hatten sie beim Feuer gesessen und Angst gehabt, die Soldaten könnten unsere Flucht verhindern.

Vater hatte einen guten Grund gehabt, die Kuh hier an Bord zu nehmen; es führte nämlich vom Flugplatz ein Pfad an diese Stelle. Also war die Möglichkeit gegeben, die Kuh von den Boys sozusagen bei der Hintertür der Garnison hinausführen zu lassen. Es wäre viel zu auffällig gewesen, sie zum Landeplatz beim Laden zu bringen. Auch hatten wir hier einen Landeplatz angelegt, wo wir Gegenstände aus- und einschifften, die für das Lastkanu zu schwer waren. Etwas weiter zwischen den Bäumen befand sich eine Lehmböschung. Die hatten die Boys einmal von Bäumen und Unterholz gerodet. Zu ihren Füßen lag etwas wie eine kleine Bucht, genügend breit und tief, damit der Schoner mit dem Heck hineinfahren konnte. Die eigentliche Landestelle bestand aus festen Planken, die man über die untersten Äste eines großen, dicken und seltsam knorrigen Baumes gelegt hatte. Am Tag vor unserer heimlichen Abreise waren die Boys dort gewesen, hatten die Landestelle ausgebessert, neue Bohlen eingezogen und ein Geländer gebaut, damit Rose auf dem Weg nicht in den Fluß sprang oder fiel.

Die Boys brachten die Kuh sofort zur Landestelle. Sie wehrte sich und wollte die Planken nicht betreten. Da gingen John und Pat an Land und halfen den Boys. Gegen die Kräfte so vieler Männer konnte Rose nicht an. Sie schoben sie und trugen sie fast und hievten sie an Bord, wo sie mit steifen Beinen und tief gesenktem Kopf stehen blieb.

Als alles an Bord war, setzte Vater den Schoner wieder in Gang. Das Land verschwand, und vor uns lag der mächtige Fluß. Wir breiteten Decken aus und legten uns an Deck schlafen. Laternen brauchten wir keine zu führen. John oder Vater bedienten achtern das Ruder, während Pat oder Mikael am Scheinwerfer waren. Rose stand an den Mast gebunden. Bob und Arty schliefen mittschiffs auf der Ladeluke. Es war nicht kalt. Das rhythmische Tuckern des Motors wiegte mich bald in den Schlaf.

Drei Tage, drei Nächte nach Osten

Als mich jemand weckte, stand die Sonne schon hoch. Auf der Luke war zum Frühstück gedeckt. Ich trauerte nicht um den Verlust meines Heimes, denn alle, die ich liebte, waren ja hier. Alles hier gehörte uns. Und weit, weit oben erwartete uns Yongve. Yongves kleine, halb verfallene Bungalows, sechs an der Zahl, die steile, baumlose Böschung zum Fluß hinunter, die Obstbäume um die Lagerhäuser, die kleine Fabrik, die jetzt statt Maschinen wilde Tiere und Vögel beherbergte. Ich freute mich auf Yongve. Ich sehnte mich danach, morgens und abends die Schreie der Tukans zu hören, ich freute mich auf das Huschen der Perlhühner im Dunkeln, auf den Ruf des Hubro in der Nacht, und auf den Anblick der großen Seeadler, die über dem Fluß schwebten. Das alles würde ich dort vorfinden. Und alle meine Lieben waren um mich.

Stunde um Stunde fuhren wir stromaufwärts. Obwohl es die trockene Jahreszeit war, verlief die Strömung stark. So weit vom Meer entfernt machte sich die Flut nicht mehr bemerkbar. Zu beiden Seiten stand ständig der Wald, einförmig, wild und endlos. Die Bäume wuchsen bis zum Wasser hinunter, aber nicht hinein, denn hier fehlt der Mangrovengürtel, der weiter unten die Ufer beschützt. Doch von den Ästen der großen Bäume hingen Schlingpflanzen in ganzen Matten, und wenn sie das Wasser erreichten, und die Strömung sie erfaßte, schwankten und wogten sie, als bliese vom Land ein Sturm dagegen.

Hin und wieder überquerten große Schwärme Tauben den Fluß. Ein solcher Schwarm zählte wohl ein paar tausend Vögel, und wenn er abhob, klang es wie Donner. Es übertönte noch den Lärm unseres Motors. Dann wieder flatterten kleine Schwärme Jacopapageien über uns hinweg. Und ständig schwebten große Seeadler auf weißen Schwingen über dem Fluß. Einmal sahen wir dicht vor dem Bug des Schoners den Schwanz eines Krokodils wie einen Arm aus dem Fluß ragen. Sonst sah man von dem Tier nur Augen und Nasenlöcher. Als es untertauchte, klatschte der Schwanz aufs Wasser, daß der Gischt hoch aufspritzte.

Die Hitze wurde unerträglich. Wir stellten auf dem Achterdeck ein Sonnensegel auf. Kein Windhauch kräuselte das Wasser. Zu beiden Seiten des Flusses war ständig die gleiche wilde, einförmige, grüne Wand aus Bäumen und Schlingpflanzen. Um die Mittagszeit, als es so heiß wurde, daß das Deck unter unseren Füßen zu brennen schien, erreichten wir die Adlerinseln. Das sind drei große Inseln mitten im Fluß. Sie sind so dicht bewaldet, daß es unmöglich ist, an Land zu gehen, es sei denn, daß man sich mit der Machete durch Messergras und verfilztes Lianendickicht einen Weg bahnt. Die Inseln gehören den Seeadlern, dort schlafen sie in der Nacht. Abend für Abend fliegen sie vom Meer hierher. Auch ihre Horste haben sie hier, sagt Vater. Menschen gibt es auf diesen Inseln also nicht, aber sicher Großwild. Viele Boas constrictor. Eine solche Schlange kann zehn Meter lang werden, gefährlich ist sie aber nur für Hunde, Ziegen und kleine Antilopen. An den Menschen wagt sie sich nicht heran.

Die Inseln entlang verläuft die Strömung viel stärker. Der Fluß wird gezwungen, sich zu teilen, und es macht den Eindruck, als protestierten die Wassermassen, daß sich ihnen auf dem Weg zum Meer ein Hindernis entgegenstellt. Bei Hochwasser ist die Strömung so stark, daß der Flußlauf an den Ufern wie ausgehöhlt aussieht. Unterhalb der Inseln bilden sich große Wirbeln, die ein Kanu wohl einsaugen können. Diese Stelle ist gefährlich.

Wir brauchten eine Stunde, um die Adlerinseln zu passieren. Vater sagt, in der anderen Richtung hätten wir es in zwanzig Minuten geschafft. Endlich wurde es Abend. Am Mast stand Rose und käute wieder. Es ging ihr gut, die Boys hatten für sie ein eigenes kleines Sonnensegel angebracht. Bob und Arty lagen neben ihr und keuchten mit heraushängender Zunge.

Als die Sonne unterging, wurden Himmel und Wasser rot wie Blut. Die Bäume hoben sich schwarz davon ab. Und im Handumdrehen war es Nacht. Zwischen dem Tauwerk funkelten die Glühwürmchen. Aus dem Wald drangen die Laute der Nacht. Wir stellten den Scheinwerfer an und setzten von der Dunkelheit ungehindert die Fahrt fort.

Drei Tage und drei Nächte fuhren wir den Fluß hinauf, in der vierten Nacht warfen wir in Yongve Anker. Hier weitet sich der Fluß und bildet eine Art großen Inlandsee. Weiter als bis Yongve ist der Fluß nicht schiffbar. Denn dort, wo er sich in den See stürzt, sind riesige Stromschnellen, eine Folge von weißen, gischtenden Wasserfällen zwischen schwarzen Klippen, deren mächtiges Rauschen man weithin hört.

Yongve

Als es Tag wurde, lag der Schoner in der kleinen Bucht dicht bei Yongve vor Anker. Wir bestiegen die Kanus und paddelten an Land. Das Gras auf dem ebenen Platz, wo sich die Gebäude der Ölplantage befinden, stand meterhoch, denn schon lange war niemand hier gewesen, der es gemäht hätte. Ich lief sofort zu den Häusern hinauf. Der eine Bungalow liegt sehr hübsch auf einer kleinen Anhöhe, er hat auf der Seite, die zum Wasser schaut, eine große, gedeckte Veranda. Dahinter wächst ein ganzer Wald von Orangen- und Zitronenbäumen, und hinter diesen ragen die Papayabäume auf. Als wir hinkamen, hingen sie voll von großen, gelben Früchten. Hinter den Papayabäumen stehen die Kokospalmen, die größten, die ich kenne. Das, was früher

Weg war, sah man jetzt kaum, es war ganz von Bananen und Platanos verwachsen. Letztere werden hoch wie Bäume, obwohl sie ebenso wie Bananen Sträucher sind. Platanos sind Kochbananen. Ihre Früchte sind dreimal so lang wie die größte Banane, und gekocht oder gebraten schmecken sie ganz herrlich. Roh erinnert ihr Geschmack an Karotten.

Wie ich schon sagte, stehen in Yongve sechs Bungalows. Wir wußten, daß sie ziemlich verfallen waren und repariert werden mußten. Doch als ich die Tür des Bungalows auf der Anhöhe öffnete, sah es darin gar nicht so arg aus. Es wimmelte zwar von den kleinen Eidechsen, die es überall gibt, aber die bekommt man bald weg. Natürlich waren die Ecken voll von ganzen Haufen trockener Blätter, und natürlich war alles schrecklich verstaubt. Ich ging von einem Zimmer ins andere und öffnete überall die Fenster, um Luft und Licht hereinzulassen.

Mutter und ich konnten es gar nicht erwarten, mit dem Saubermachen anzufangen. Nicht, weil wir vom Putzteufel besessen sind, sondern weil wir die Sache hinter uns haben wollten. Vater und Jungen hungerten genauso danach, mit dem Reparieren von Dach und Fußboden der drei oder vier Bungalows zu beginnen, die wir benützen wollten.

Etwas entfernt, gegen die Fabrik zu, liegen die Baracken, in denen früher die eingeborenen Arbeiter wohnten. Eine davon sollte Roses Stall werden.

An Bord des Schoners japsten Bob und Arty und wollten durchaus an Land. Und Rose schickte komische Laute zu uns herüber, die wohl sagen sollten, sie habe vom Matrosenleben genug.

Fatima war noch an Bord und mit dem Frühstück beschäftigt, das wir ein letztes Mal auf der Luke einnehmen wollten. Als sie rief, alles sei fertig, bestiegen wir die Kanus und paddelten zum Schoner hinaus.

„Wie werden wir Rose an Land bekommen, Vater?" erkundigte ich mich. Das würde nicht leicht werden. Mit einer Kuh kann man es ja nicht machen wie mit einem Hund, ihn in die Arme nehmen und ins Kanu setzen. Auch gibt es kein Kanu, das fest genug ist, eine Kuh zu befördern. Der Schoner hatte fast zwei

Meter Freibord, und hier gab es nichts, womit wir diese Überhöhung zum Land hin hätten überbrücken können. Der Boden der Bucht fiel allmählich zur Fahrtrinne ab, und bis zum Ufer waren es mindestens fünfzig Meter.

„Ich weiß mir keinen anderen Rat, als sie schwimmen zu lassen", entschied Vater.

„Was, du willst sie ins Wasser werfen?" schrie Mutter auf.

Vater lachte.

„Nicht so direkt. Wir werden es anders anfangen."

Nun vertrauten wir alle darauf, daß Vater und die Boys es schon richtig machen würden, und paddelten an Land. Mutter und ich blieben am Ufer, um zuzuschauen. Bob und Arty hatten sich zu uns gesellt und liefen im hohen Gras umher. Sie verschwanden ganz darin, und wenn sie sich zu weit entfernten, mußten wir sie zurückrufen, denn man kann ja nie wissen; es gibt in Afrika Giftschlangen, obwohl die Angst vor ihnen stark übertrieben ist. Wir jedenfalls dachten nie an solche Gefahren. Oder doch nicht mehr als unbedingt nötig.

Vater und die Boys entfernten ein Stück der Reling an der Stelle, wo sie nur aus einigen Querstäben bestand. Dann brachten sie ein langes Brett und befestigten es so, daß es von der offenen Stelle der Reling wie eine Brücke zum Wasser hinunterragte.

„Dort soll Rose hinuntergehen?" fragte ich Mutter entsetzt.

„Das schafft sie nie! Es ist viel zu steil. Das kann sie einfach nicht."

„Schau nur, jetzt machen sie das Brett schlüpfrig. Sie gießen Wasser darüber."

Tatsächlich, die Boys gossen eimerweise Wasser über das schräg liegende Brett. Dann packten Vater und alle drei Boys die Kuh und schoben sie hinaus auf das Brett. Und auf einmal überstürzten sich die Ereignisse. Rose rutschte mit steifen Beinen hinunter und landete ganz sanft im Wasser. Offensichtlich war ihr nichts passiert, denn sie begann sofort an Land zu schwimmen. Direkt in Mutters Arme, um sich trösten zu lassen.

Inzwischen war auch Fatima ausgebootet worden und ging sofort daran, sich mit dem Besen nützlich zu machen. Als wir alle drei die Eidechsen und das viele welke Laub entfernt hatten, wirkte das Haus sofort gemütlich. Nur Möbel gab es keine, denn Tische und Stühle hatten wir nicht an Bord nehmen können. Küchengeräte jedoch besaßen wir im Überfluß. Tassen und Gläser und Tischtücher und Handtücher und derlei.

Doch es machte uns keine Sorgen, wir wir zu Tischen, Stühlen und Betten kommen sollten. Denn an Bord des Schoners befand sich Vaters Werkzeugkiste, die enthielt alles, was sich ein Tischler und Schmied nur wünschen kann. Und Vater und John haben geschickte Hände. Fatima und Toto wiederum sind Meister im Flechten von Stuhlsitzen und Betteinsätzen aus Palmfasern, jenen dünnen, rispenartigen obersten Teilen einer Palme, die bei den Eingeborenen Nipa heißt. Übrigens dieselbe Palme, mit deren Blättern sie ihre Hütten decken. Dabei werden die Seitenteile des bis zu drei Meter langen Hauptblatts schichtweise übereinandergelegt und mit Bambusfasern zu großen Matten genäht. Die legt man dachziegelartig übereinander, so daß sie ein festes Dach bilden, das völlig wasserdicht ist. Auch isoliert es gegen Hitze, was man von einem Dach aus Holz oder gar Wellblech wirklich nicht sagen kann.

John und Mikael konnten sich nicht einigen, welchen Bungalow sie sich nehmen sollten. Schließlich entschieden sich John und Pat für den, der dem Haus auf der Anhöhe am nächsten lag, in dem die Eltern und ich wohnen sollten. Da fügte sich Mikael, denn allein wollte er nicht gern wohnen. Die Boys waren so mit dem Mähen des Grases beschäftigt, daß Pat und die Jungen ihr Haus selbst in Ordnung bringen mußten. Als Mutter und ich hinuntergingen, um nachzusehen, wurden wir ganz neidisch. Sie hatten nicht nur das ganze Haus geputzt und gescheuert, sie hatten sogar schon Stühle gezimmert und ein Brett als Tisch angebracht. Vor den Fenstern hingen kleine Gardinen aus Zeug, das die Mutter ihnen gegeben hatte. Die Betten standen fix und fertig bereit, daneben befanden sich Kistchen als Nachttische, darauf ihre Weckeruhren und Zahngläser mit Blumen.

Feliz und Daniel liefen uns ständig zwischen den Beinen herum. Sie waren noch zu klein, um sich nützlich zu machen, also durften sie tun, was sie wollten. Bob und Arty tollten mit ihnen umher.

Die kleinen Rangen setzten sich in den Kopf, die Fabrik zu untersuchen. Sie war zwar verschlossen und verriegelt, doch Zwillinge und Hunde krochen durch die Wasserrinne aus Beton, die einen halben Meter im Durchmesser maß. Plötzlich hörten wir aus der stillgelegten Fabrik, um die wir uns überhaupt nicht hatten kümmern können, einen Höllenspektakel. Die Hunde heulten und bellten, Daniel brüllte um Hilfe. Feliz würde das nie einfallen. Nicht einmal, wenn er einem Löwen gegenüberstünde, würde er einen Muckser von sich geben. Die Boys ließen fallen, was sie in den Händen hatten, und rannten hin. Auch Vater kam gelaufen. Da die Tür versperrt war und wir keinen Schlüssel hatten, brachen die Männer das Vorhängeschloß mit einer Eisenstange auf und liefen hinein, um Jungen und Hunden zu Hilfe zu kommen.

Bob und Arty sahen aus wie große Stachelschweine, so gesträubt war ihr Fell. Feliz hielt einen für ihn riesigen Stock in der Hand und deutete damit auf die verrosteten Maschinen in der Mitte der Halle. Und dort, zwischen Zahnrädern und Kurbelstangen und was da noch alles dem Verfall entgegenrostete, ringelte sich auf der alten Ölpresse eine schauerlich große Boa constrictor. Die goldenen und braunen Flecken auf der geschmeidigen Haut des Tieres leuchteten. Stolz hob es den Kopf, der neben dem mächtigen Körper unverhältnismäßig klein wirkte. Die Muskeln der großen Boa spielten wie die Muskeln eines kräftigen Männerarmes, und weil wir sie störten, zischte sie uns wütend an. Die Eingeborenen können mutig sein, allerdings nicht immer. Die Boys riefen Vater zu, das Schrotgewehr zu holen und die Schlange totzuschießen. Vater lachte nur.

„Wir wollen unser Leben hier doch nicht mit Töten beginnen", wehrte er ab. „Was hat euch die Schlange denn getan? Warum wollt ihr sie umbringen?"

So ist Vater. Der gütigste Mensch der Welt. Und John gleicht ihm. Ich hoffe, ich werde ihm eines Tages auch gleichen.

Ja, ich möchte Vater und Mutter gern gleichen, denn Mutter ist genauso gütig wie Vater. Es ist wunderbar, Eltern zu haben, die man sich kein bißchen anders wünscht, als sie sind. So gut geht es mir!

Afrikanische Tage

Wir waren sehr glücklich in Yongve. Es war wie bei langen Ferien. Wir hatten genügend zu tun, also kam keine Langeweile auf, doch wenn wir an einem Tag zu einer Arbeit keine Lust hatten, dann verschoben wir sie eben auf den nächsten. Baden konnten wir im Fluß gleich unterhalb der grasigen Böschung, die die Boys so sauber gemäht hatten wie eine Parkwiese. Diese Stelle war vor Krokodilen geschützt, und es konnte nichts passieren. Haie gab es so weit vom Meer entfernt nicht. Trotzdem saß immer, wenn wir badeten, jemand auf dem Wrack und hielt Ausschau nach Krokodilen. Das Wrack war wirklich ein Wrack, nämlich der kleine Dampfer der Ölgesellschaft, den man zurückgelassen hatte, und der gesunken war. Er lag so tief, daß nur Heck und Mast aus dem Wasser ragten.

Eines Tages, als wir badeten, sahen wir draußen im Fluß zwei Flußpferde vorbeitreiben. Vielleicht sollte ich besser sagen, im See, denn die Wasserfläche war hier so breit und groß, daß es keine nennenswerte Strömung mehr gab. Die Flußpferde sahen aus wie zwei runde Inseln. Es sind friedliche Tiere, die nachts an Land gehen und weiden. Sie sind ungeheuer groß, nur die Beine sind kurz und klein wie Pflöcke. Wenn sie an Land gehen, hinterlassen sie tiefe, runde Löcher als Fährten im Schlamm. Solche Spuren habe ich sehr oft gesehen.

Wir bewohnten jetzt vier Bungalows. Die Eltern und ich den auf der kleinen Anhöhe. Pat und die Jungen den daneben. Im dritten wohnte Fatima mit den Zwillingen, im vierten die Boys. Rose hatte ein eigenes Zimmer in den Baracken, wo früher die schwarzen Arbeiter untergebracht waren. Wir brauchten nichts zu entbehren, wir hatten alles. Zu essen für mehrere Monate. Aus alten Mauertrümmern und Lehm bauten Vater und die Boys einen völlig brauchbaren Backofen auf, dadurch hatten wir täglich frisches Brot. Obst gab es im Überfluß. Der Hang unter den Bäumen war gelb von abgefallenen Orangen und Zitronen. In Afrika bestehen die Zitronen nur aus einer ganz dünnen Schale und viel Saft. Wir konnten nicht einmal die Hälfte des vielen Obstes verwenden. Noch nie hat eine Kuh so viele Bananen gefressen wie Rose. Die besten Früchte jedoch sind die Papayas. Eine Papaya ist eine richtige Traumfrucht, von der man nicht glaubt, das es sie gibt. Sie ist reif, wenn sie gelb ist. Schneidet man sie entzwei, dann sind drinnen viele schwarze Samen, glänzend wie Perlen. Die muß man herauskratzen, dann liegt das Fruchtfleisch frei, das man mit dem Löffel ißt. In Yongve gab es auch fünf große Brotfruchtbäume. Groß — das kann man wohl sagen. Sie waren einfach überwältigend. Sie sahen aus wie die Bäume, die van Gogh malt: wie Flammen. Die Blätter des Brotfruchtbaumes sind nämlich ausgefranst, und selbst wenn es ganz windstill ist, hat man den Eindruck, sie winden sich und flattern wie Flügel oder eben wie Flammen, die züngeln. An der Frucht ist weiter nichts Besonderes, sie ist ein Klumpen von der Größe einer Kokosnuß, gekocht schmeckt sie wie eine mehlige Kartoffel. Aber sie ist sehr nahrhaft. Nur bekommt man sie schnell über. Kokosmilch jedoch bekommt man nie über, heißt es. Und zum Glück wuchsen hier auch Zwergkokospalmen. Ein kleiner Baum stand nur drei Meter von unserer Anhöhe entfernt, und er trug eine Menge Nüsse. Sie haben eine bessere Milch als die Nüsse der großen Palmen, die es hier auch reichlich gab. Hinter ihnen wuchsen die Ölpalmen, dort war die Plantage gewesen. Jetzt waren die Bäume alt und knorrig, dicht bewachsen mit Flechten und Schlingpflanzen, und schauten aus wie verhutzelte Trolle.

Im Wipfel der Ölpalme hängt das zehn Kilogramm schwere, rote Nußbüschel. Aus den Nüssen wird das Öl gepreßt. In einem Gebiet von ungefähr zwei Quadratkilometern standen zweitausend solche Ölpalmen in Reih und Glied. Als man die Plantage bearbeitete, wurde der Boden unter den Bäumen vom Pflanzenwuchs freigehalten, jetzt aber hatte der Dschungel die Herrschaft wieder an sich gerissen und eroberte zurück, was man ihm einst streitig gemacht hatte. So weit das Auge reichte, wucherten unter den Palmen alle Arten Pflanzen, die es im

Regenwald nur gibt. Büsche, die im Verlauf der Jahre zu mächtigen Bäumen emporwachsen würden. Und Kriechpflanzen, die dick wurden wie Männerarme. Diese Pflanzen würden schließlich die Palmen und alle übrigen Gewächse mit einem Vorhang und Dach von dichtem, lastendem Grün bedecken. Dazwischen wuchsen seltsame Gräser in die Höhe, manche mit Widerhaken, manche mit messerscharfen Rändern. Andere Pflanzenarten breiteten große Blätter, breit wie die des Bananenstrauchs, über das, was sich darunter aus dem Halbdunkel ans Licht zu kämpfen mühte. Andere Gewächse und Büsche trugen schöne Blüten, doch die dufteten nicht. Denn einen Fehler hat Afrika: seine Blumen haben keinen Duft.

Die Tiere um uns

Am Abend machten wir auf dem grasigen Hang vor unserem Bungalow oft ein Lagerfeuer und setzten uns alle herum, auch die Boys, Fatima und die Zwillinge. Um uns stand die Dunkelheit, obwohl die Flammen einen großen Lichtkreis warfen.

In solchen Stunden gingen unsere Gedanken oft zurück nach Punto Campo, dem Heim, das man uns genommen hatte. Wir dachten daran, daß alles vielleicht nie wieder werden würde wie einst, und wir wurden traurig.

Gewiß hatten wir noch auf Wochen alles, was wir brauchten, doch vor uns lag eine ungewisse Zukunft. Wie, wenn die Aufstände länger dauerten, als unsere Vorräte reichten? Wie, wenn wir eines Tages auch hier nicht mehr sicher waren?

Nein, auf die Dauer konnten wir hier nicht bleiben. Vater und die Jungen mußten Geld verdienen. Wir besprachen das alles immer wieder, aber jedesmal sagte der Vater, um es uns leicht zu machen: „Kommt Zeit, kommt Rat."

Also ließen wir die Tage einfach vergehen. In einem gleichmäßigen, angenehmen, einschläfernden Strom floß die Zeit dahin.

Nachbarn hatten wir nicht. Auch Eingeborene gab es in dieser Gegend nicht. Keine Menschenseele lebte hier. Hier waren nur der Wald und die Tiere. Von Raubtieren sahen wir nicht viel, wir merkten hauptsächlich die Vögel. In den Ölpalmen wohnte ein Schwarm Jaco-Papageien. Das sind afrikanische Papageien, die grau sind mit rotem Schwanz. Den ganzen Tag hörten wir sie krächzen, rascheln und mit rauher Stimme schreien.

„Sie veranstalten ein Nähkränzchen und klatschen über einander", sagte Vater gern.

Jeden Tag beobachteten wir Tukans von einem Ufer zum anderen fliegen. Es gibt zwei Arten Tukans, die eine groß wie ein Truthahn, mit einem Schnabel, lang und breit wie eine Axt. Und als ob dieser mächtige Schnabel nicht genug wäre, sitzt darauf noch eine Art Horn; damit sieht der Vogel aus, als gähnte er ständig. Auch die großen Tukans machten schrecklichen Lärm, wenn sie von Ufer zu Ufer flogen.

Die kleinere Sorte hat im Verhältnis zur Körpergröße einen noch größeren Schnabel, so groß wie eine Banane, während der ganze Vogel nicht größer ist als eine Elster.

Außer den Tukans gab es verschiedene kleine Vögel in allen möglichen Farben.

Jeden Morgen kam ein großer Mäusebussard, sah nach, ob auf der Veranda ein Stückchen Fleisch lag, das wir ihm hinlegten, und holte es. Die Boys mochten ihn nicht, doch Mutter und ich fanden es hübsch, Besuch von einem so großen, zutraulichen Vogel zu bekommen. Stehlen kann übrigens die kleinere Art der Tukans ganz ausgezeichnet.

Ständig sahen wir Seeadler und auch andere Adler, große und kleinere. Und natürlich Habichte und Falken. Am Fluß standen Reiher, nur Enten sahen wir wenige, denn die fraßen die Krokodile. Ich könnte noch eine Menge Vogelarten aufzählen.

So viele Tiere, und dabei habe ich die Vierfüßer noch gar nicht erwähnt, besonders die Affen. Und die Gorillas.

Von Affen wimmelte es nur so. Immer wieder entdeckte ich neue Arten. Und tief in den Wäldern des Gebirges leben die Gorillas. Wir sahen sie manchmal, wenn wir einen Ausflug machten. Ich habe sie absichtlich nicht zu den Affen gezählt, so menschlich sind sie. Aber Menschen im eigentlichen Sinn sind sie doch nicht. Was sie sind, weiß ich nicht, jedenfalls sind sie ungeheuer groß, größer als der größte Mann. Wenn sie nicht wissen, was sie tun sollen, stehenbleiben oder fliehen, dann trommeln sie sich mit den Fäusten auf die Brust, und dann weiß man auch nicht, was man tun soll. Ich weiß zwar sicher, daß sie nicht angreifen, doch ich weiß auch, daß sie fürchterliche Kräfte haben.

Gefährlich sind jene Tiere des Urwalds, die vor dem Menschen nicht fliehen, also vor allem die Büffel. Sie senken die Hörner und greifen an. Dann heißt es, schnell auf einen Baum oder eine Liane hinaufklettern. Auch den Elefanten darf man nicht trauen. Um Elefanten schlägt man besser einen Bogen. Ich weiß noch gut, wie oft Leute zu Vater sagten, es sei nicht leicht, auf einen Baum zu klettern, wenn sie alle dick sind wie ein Faß, und die untersten Äste zwanzig Meter über dem Boden beginnen. „Ach", pflegte Vater dann zu antworten. „Treffen Sie erst mal auf einen Elefanten. Dann werden Sie sehen, wie Sie klettern können."

Auf die Jagd gingen weder Vater noch die Jungen. Sie töteten nur, wenn es sein mußte — wenn wir Fleisch brauchten oder wenn ein Tier krank oder verwundet war. Unsere Boys durften kein Gewehr tragen, doch schaute Vater durch die Finger, wenn sie ein Tier mit der Machete erlegten.

„Davon wird man sie nicht abbringen", meinte er. „Die Eingeborenen töten alles, was ihnen unter die Finger kommt. Und können sie diesen Trieb nicht an Tieren ausleben, dann zetteln sie einen Krieg an und bringen sich gegenseitig um. So wie die Aufständischen hier, oder wie ich sie nennen soll."

„Ein Krieg ist es sicherlich", stimmte Mutter zu. „Auf beiden Seiten morden sie, was sie nur können."

Natürlich hofften wir, es würde mit den Kämpfen bald Schluß sein. Manchmal dachten wir, es herrsche vielleicht schon wieder Ruhe und Ordnung. Jemand würde wohl den Fluß hinunterfahren und die Lage erkunden müssen.

Aber noch war es dafür zu früh. Und niemand von uns verspürte besondere Lust dazu.

Unter den Händen der Männer wurden die Häuser von Tag zu Tag schöner. Die Boys machten sich daran, den herrlichen Blumengarten, den es hier einmal gegeben hatte, in Ordnung zu bringen. Fatima backte Brot und kochte. Feliz, Daniel, die Hunde und ich gingen unter den Ölpalmen spazieren. Manchmal begleiteten uns Vater oder Pat. Dann drangen wir auf schmalen Wildpfaden tief in den großen Urwald ein.

Der Fluß steigt, und wir treffen auf ein Opfer des Krieges

Die Regenzeit stand vor der Tür. Noch strahlte die Sonne vom Himmel, der blau war wie Seide, doch langsam begann das Wasser zu steigen. Das sagte uns, daß es oben in den Bergen regnete.

Das Uferstück, an dem wir badeten, wurde von Tag zu Tag schmäler. Als ich eines Morgens zum Schwimmen hinunterkam, stand die sandige Bucht ganz unter Wasser. Vom alten Wrack war nichts mehr zu sehen, und der Schoner lag jetzt viel weiter vom Land entfernt.

Unser Schoner wurde nicht nur von einem Anker festgehalten. Die Männer hatten zusätzlich eine Trosse an Land geworfen und um eine Palme gelegt. Diese Palme befand sich jetzt nur noch einen Meter vom Wasser entfernt. Die Kanus waren weit hinaufgezogen worden; es bestand keine Gefahr, daß sie von der Strömung erfaßt und fortgetrieben werden konnten.

Wir mußten jetzt eine Wache aufstellen, damit uns nicht eine plötzliche Flutwelle überraschte und den Schoner mit sich riß. Ich ging mit den kleinen Jungen um die große Bucht herum und dorthin, wo der Fluß aus der Enge zwischen den schwarzen Felsen heraustritt. Schon von weitem hörten wir das Tosen der Stromschnellen. Als wir sie erreichten, bekamen wir ordentlich

Angst beim Anblick der gelben Wassermassen, die in den See stürzten, und auf denen große, weiße Schaumkronen wirbelten. Der Lärm war so stark, daß wir uns nicht miteinander verständigen konnten. Wir hatten unseren Spaß daran, mit voller Lungenkraft zu schreien, ohne daß man ein Wort hörte. Für eine solche hemmungslose Lungengymnastik hat man viel zu selten Gelegenheit.

Ich erinnere mich an einen plötzlichen Schrecken auf dem Heimweg. Dicht neben uns flog nämlich der größte Taubenschwarm auf, den ich je gesehen habe. Es müssen viele tausend Tauben gewesen sein, und das Rauschen ihrer Flügel war fast ebenso ohrenbetäubend wie das Tosen der Stromschnellen.

Tags darauf ereignete sich etwas Trauriges: wir sahen das erste Kriegsopfer, seit wir in Yongve waren. Es war kein Mensch. Es war ein Tier. Ein Elefant.

Es begann am Morgen damit, daß die Boys angerannt kamen und Mutter fragten, ob sie einen ganz ungefährlichen Riesen des Waldes sehen wolle. Er hatte sich auf den baumlosen Platz vor dem Fabrikgebäude geschleppt. Wir gingen alle hin, nur nicht Pat, der unten am Wasser war und auf die Vertäuung des Schoners aufpaßte.

Der Elefant stand dicht an der Fabrikmauer, wo so früh am Morgen Schatten war. Er war ganz abgemagert. Als wir hinzutraten, hob er nicht einmal den Rüssel, nur die riesigen Ohren bewegten sich ein wenig; die kleinen Augen blieben geschlossen.

Wir hielten in wenigen Metern Entfernung an. Die Boys liefen ganz nahe hin, doch er nahm von ihnen keine Notiz. Warum er nicht angriff, war leicht zu erraten. Er war krank, vielleicht sogar im Sterben. Es war nur eine Frage der Zeit, wie lang sich sein Leben noch hinschleppen konnte. Eines seiner riesigen Hinterbeine war nämlich eine einzige, große Wunde. Gelber Eiter floß heraus, und ganze Fliegenschwärme krochen darin herum.

Vater schickte die Boys weg, um das Tier nicht unnötig aufzuregen. Dann sandte er John um Elefantenbüchse und Patronen nach Hause. John beeilte sich und kam bald darauf mit dem schweren Gewehr zurück, dessen Lauf ungewöhnlich kurz ist. Sein Kaliber ist das einer kleinen Kanone, und es hat einen

Rückstoß wie ein ausschlagendes Pferd. Bis jetzt hat nur Vater damit zu schießen gewagt; es ist nämlich wirklich ein gefährliches Unterfangen. Man muß genau wissen, wie man es zu halten hat.

Wir entfernten uns alle, und nur Vater und John blieben zurück. Wir hörten einen Knall, daß es im Wald widerhallte. Vater hatte der Qual des armen Tieres ein Ende bereitet. Über der Stelle, wo er geschossen hatte, lag eine blaue Rauchwolke. Wir gingen wieder zurück zur Fabrik. Der Elefant lag auf der Seite und rührte sich nicht mehr.

Die Boys, die immer davon angetan sind, wenn Tiere getötet werden, waren schon daran, den Elefanten zu untersuchen. Es war ein weibliches Tier ohne Stoßzähne; darüber ärgerten sie sich natürlich. Wir anderen waren mehr daran interessiert, wovon die fürchterliche Wunde am Hinterbein stammte. John wies auf einige kleinere Wunden hoch oben am Schenkel. Die Boys schnitten das Fleisch mit der Machete auf, und nun konnte Vater eindeutig feststellen, daß das Tier beschossen worden war. Die Einschüsse saßen dicht bei dicht und hatten sogar die mächtigen Knochen durchschlagen, also gab es nur eine Erklärung: das Tier war von einem Maschinengewehr beschossen worden. Vater setzte uns das alles auseinander, und er war feuerrot vor Zorn.

Die Boys baten um das Fleisch, doch Vater erlaubte es nicht. Das Fleisch von Tieren, die Fieber gehabt haben, ist ungenießbar. Er befahl, das Tier an der Stelle einzugraben, wo er es erschossen hatte. Die Boys schmollten, doch sie gehorchten. Schmollend gruben sie den ganzen Tag und auch noch den nächsten, bis die Grube tief genug war, den Kadaver hineinzuwälzen.

Mutter fragte Vater, ob es möglich sei, daß Banden mit Maschinengewehren in unserer Nähe durch den Urwald strichen. Vater erwiderte, dies sei wenig wahrscheinlich. Der Elefant dürfte eine sehr große Entfernung zurückgelegt haben, nachdem er verwundet worden war. Anfangs war er wohl noch nicht so schwach gewesen, doch hier bei uns war er am Ende seiner Kräfte angelangt und blieb stehen, weil er keine Kraft zum Weitergehen mehr hatte.

„Er kam, um uns um Hilfe zu bitten", sagte Mutter leise.

„Ja", stimmte Vater traurig zu. „Hilfe. Wie vielen Tieren habe ich schon auf diese Art ‚geholfen'. Kranken, verwundeten, mißhandelten. Oft denke ich, es wäre besser, wenn es keine wilden Tiere gäbe. Weil so viele Menschen mordgierig sind. Dabei wäre es noch erträglich, wenn sie nur töteten. Aber es gibt keine Waffen, die unfehlbar den Tod bringen. Auf jedes Tier, das bei der Jagd gleich getötet wird, kommen soundso viele, die nur verwundet werden und lange leiden müssen, bis der Tod sie endlich befreit."

Der Fluß stieg und stieg.

Auf der Wasserfläche, die wir See nannten, trieben jetzt große Haufen von Reisig und Laub, ja ganze Bäume brachte der Fluß mit sich. Die blaue Wasserfläche, die früher kaum ein Windhauch gekräuselt hatte, glich jetzt einem Hexenkessel von Wirbeln und Strudeln und brodelndem Schaum, in dem sich das Mitgerissene in tollen Kreiseln drehte. Immer war jemand von uns an Bord des Schoners, um Wache zu halten. Es war uns klar, daß es hoch an der Zeit war, falls wir zur Küste fahren und die Lage erkunden wollten. Setzte der Regen einmal allen Ernstes ein, dann war der Fluß auf Monate hinaus nicht mehr befahrbar.

Das alles besprachen wir am Abend beim Lagerfeuer. Es war für unsere Zukunft unbedingt nötig, daß wir die Situation des Landes erkannten. Dann erst konnten wir Beschlüsse für unsere Zukunft fassen.

Also wurde beschlossen, daß die Eltern, John und einer der Boys zur Küste fahren und Erkundigungen einziehen sollten, wie die Lage sei.

In der folgenden Nacht weckten uns dröhnende Geräusche aus dem Wald. Es war, als schlüge jemand ununterbrochen auf eine große Trommel. Der Lärm nahm an Stärke zu und ab, er war eintönig, schien aber den Ort zu wechseln. Manchmal kam er von weit her, dann wieder schien er so nahe, daß ich mich im Bett aufsetzte, weil ich dachte, jemand trommle vor dem Haus. Ich machte Licht, schlich zu den Eltern ins Zimmer und fragte ängstlich, wer da trommle.

Vater und Mutter lagen wach. Als sie mein fragendes und gewiß verschrecktes Gesicht sahen, lachten sie und erklärten mir, es sei nur ein Vogel, der diese Laute hervorbringe.

„Du hast doch sicher schon von der afrikanischen Rohrdommel gehört", sagte Vater. „Davor wirst du dich doch nicht fürchten?"

Als ich wieder im Bett lag, fand ich das Trommeln stimmungsvoll. Es gefiel mir zunehmend besser. Es war inmitten der vielen tausend Laute, mit denen eine Tropennacht erfüllt ist wie mit Afrikas Stimme. Ich liebe diese Laute alle. Das Trommeln sang mich in den Schlaf.

Am nächsten Morgen machten die Boys ihre Witze, neckten Fatima und redeten ihr ein, es seien Wilde gewesen mit ihren Kriegstrommeln. Eines Nachts würden sie kommen und uns allen den Hals abschneiden.

Fatima ist eine Stadtnegerin und in solchen Dingen ganz unwissend. Man kann sie leicht ins Bockshorn jagen. Als ich ihr erklären wollte, ein Vogel sei der Trommler gewesen, glaubte sie mir nicht. Und als der Tag herankam, an dem die Eltern mit John und den beiden Boys auf dem Schoner flußabwärts fahren wollten, hatte sie Angst, mit uns anderen zurückzubleiben. Sie bekam einen hysterischen Anfall und schrie, die nächtlichen Trommler würden, wenn sie den Schoner verschwinden sähen, über uns herfallen. Mutter schüttelte sie, um sie zur Vernunft zu bringen.

„Wenn du dich nicht zusammennimmst, fahren wir alle weg und lassen dich mit Rose allein zurück", drohte sie.

Da nahm sie Vernunft an. Doch sie schnüffelte und weinte weiterhin und murmelte, jetzt sei es mit uns allen bald aus.

Im letzten Augenblick wurde der Plan ein wenig geändert: statt John sollte Mikael mitfahren. Mikael fühlt sich auf dem Land nicht wohl, er sagte stets, er würde beim ersten möglichen Anlaß in die Stadt gehen, sich dort eine Arbeit suchen und Punto Campo und Yongve auf ewig den Rücken kehren.

Eines Morgens, zeitig, legten sie ab. Wir Zurückbleibenden, Pat, John, Vicente, Fatima, die Zwillinge und ich, standen auf der Anhöhe und beobachteten, wie die Strömung den Schoner ergriff und, kaum daß der Anker gelichtet war, mit sich riß. Erst jetzt erkannten wir, welche Geschwindigkeit der Fluß hatte. Ein paar Minuten später hatte der Schoner das Ende des Sees, den eigentlichen Flußlauf erreicht. Eine Weile hörten wir noch den Motor tuckern, dann war alles still. So still wie am Morgen, wenn das Frühkonzert der Vögel vorbei ist.

Abschied nehmen ist etwas Schreckliches. Auch wenn es nur für kurze Zeit ist. Und wir ahnten ja nicht, was weiter gegen die Mündung zu lauern mochte. Wir gingen zurück zum Haus, doch wir begannen keine Arbeit. Danach war uns nicht zumute, obwohl Arbeit in einer solchen Lage das Beste ist.

John ging zum Fabrikgebäude, und als er zurückkam, berichtete er, daß sich die Hyänen im Lauf der Nacht bis zum Elefantenkadaver hinuntergegraben hätten.

„Ich vergönne ihn ihnen gern", sagte John. „Es würde mich nicht wundern, wenn sie ihn ganz auffräßen."

Vicente und Fatima redeten John zu, sich auf die Lauer zu legen und die Hyänen abzuknallen. Doch John ist seines Vaters Sohn, so etwas täte er nie. Er schalt die Neger mit viel härteren Worten aus, als dies Vater zu tun pflegt.

„So sind sie immer", bemerkte Pat. „Ihr Motto ist: ‚Schieß alles, was man essen kann, und wenn man es nicht essen kann, dann schieß trotzdem.' Leider ist das in Afrika für Schwarz und Weiß die Gebrauchsanweisung."

Der Regen kommt

In der Nacht nach der Abfahrt des Schoners kam der Regen. Ich erwachte von dem Rauschen auf der Betonplattform vor meinem Fenster. Tropenregen. Das ist kein Regen, der leicht und sanft fällt. Er gleicht auch nicht dem Herbstregen in Europa, den einem der Sturm ins Gesicht peitscht, der in Schauern über Stoppelfelder fährt. Der Tropenregen setzt ein, als wollte er alles und alle ersäufen. Es ist der Regen der Sintflut.

Der Lärm war so stark, daß in dieser Nacht an Schlaf nicht mehr zu denken war. Ich stand auf, zündete eine Kerze an und ging zum Fenster. Durch das Fliegengitter quoll eine Wolke kondensierten Dampfes und legte sich feucht auf meine Haut.

Ich dachte an die an Bord des Schoners. Jetzt würde das Wasser noch höher steigen, die Strömung noch stärker werden, noch mehr Bäume mitsamt den Wurzelballen ausgerissen und vom Wasser herabgeschwemmt werden. Die Fahrt wurde noch gefährlicher.

Als es tagte, und wir die Tür öffneten, schauten wir hinaus in eine graue Wand von Wasser, einen dichten Vorhang von Regen.

Da die Eltern nun nicht da waren, zogen Pat und John zu mir ins Haus. Nun war ich nicht allein. Fatima patschte durch den Regen, beschützt von einem riesengroßen Regenschirm. Sie deckte zum Frühstück wie immer, nur frisch gebackenes Brot gab es an diesem Tag nicht, der aus Lehm gebaute Backofen war nämlich im Begriff, sich aufzulösen, der Schornstein stand schon ganz schief. Als Vicente hinausging, die Kuh zu melken, zog er alles aus bis auf die Shorts. An diesem Tag ließen wir Rose nicht ins Freie und gaben ihr im Stall Heu zu fressen. Bob und Arty hassen Regen und verzichteten auf ihre Morgenrunde, auf der sie die Stachelschweine anzukläffen pflegten, die es in Yongve reichlich gab.

Die Stachelschweine dieser Gegend sind große Burschen, die gut und gern ihre zwölf Kilo wiegen. Ihre Stacheln werden mehr als einen halben Meter lang, doch sie sitzen den Tieren nur am Hinterende des Rückens. Die Stachelschweine sind

Pflanzenfresser, die, beschützt von ihren Stacheln, friedlich herumkriechen. Die Eingeborenen schlachten die Tiere, das heißt, sie erschlagen sie mit der Machete, weiden sie aus und essen sie. Das Fleisch schmeckt gut, ich habe es oft gegessen. Stachelschweine waren die einzigen Tiere in Yongve, die wir schlachteten, wenn wir Lust auf Fleisch hatten.

Was da begonnen hatte, war die kurze, heftige Regenzeit. Sie hatte früher eingesetzt als gewöhnlich. Selten dauert sie mehr als vierzig Tage. Danach kommen meist schöne, warme Wochen, in denen alles so schnell wächst, daß man es zu hören glaubt. Dann setzt die eigentliche Regenzeit ein, die ungefähr drei Monate dauert. Doch da regnet es nicht unausgesetzt. Nicht einmal täglich. Zwischendurch gibt es immer wieder Tage mit Sonne und schönem Wetter.

Wenn es so regnet wie jetzt, kann man draußen nichts tun. Also holte ich hervor, was wir an Büchern hatten, legte mich aufs Bett und las. Im Verlauf der endlosen Tage nahm ich sogar meine Schulbücher vor. Niemand konnte sagen, wann ich wieder mit der Schule beginnen würde. Pat, der mehrere europäische Sprachen spricht, erklärte sich bereit, mit mir zu arbeiten. Also hielten wir jeden Tag ein paar Schulstunden ab. Mit Mathematik ging es soso. Davon verstand ich vielleicht mehr als Pat, obwohl sie mir nicht liegt. Aber in Deutsch und Französisch machte ich Fortschritte bei ihm. Auch Spanisch lernten wir.

Die Tage wurden zu Wochen, die Wochen zum ewigen Einerlei. Wir alle sehnten uns danach, daß der Regen endlich aufhören würde. Täglich ging John zum Elefantengrab, wo die Hyänen Nacht für Nacht wahre Orgien feierten. Es mußten ihrer viele sein. Sie heulten und winselten, daß Bob und Arty nicht schlafen konnten, sondern glaubten, sie müßten mitbellen und jaulen. Doch zum Grab zu gehen, wagten sie nicht. Ich jedoch schlüpfte eines Tages in Badeanzug und hohe Stiefel und sah es mir an. Die Hyänen hatte alle Erde von dem Kadaver weggescharrt, und fürchterlicher Gestank verbreitete sich, den man fast bis zu den Häusern verspürte. Es hätte noch ärger gestunken, wäre die Grube nicht zur guten Hälfte mit Wasser gefüllt gewesen. Nicht mehr lang, und von dem ganzen riesigen

Elefanten war nichts mehr übrig. Die großen, nackten Knochen ragten gespenstisch heraus.

Hyänen sind im Dschungel etwas Nützliches. Auch anderswo übrigens. Denn diese flinken Aasfresser vertilgen alles, was sonst liegenbliebe und verrotten und alles verpesten würde.

Von Vater weiß ich, daß das Gift des faulenden Fleisches den aasfressenden Tieren nicht schadet. Durch den Fäulnisprozeß kommen die Krankheitsträger um, die sie sonst anstecken würden. Für diese Tiere ist der Fäulnisprozeß also etwas Ähnliches wie für uns das Kochen.

Ich sagte John, ich hätte gern einen kleinen Hyänenwelpen. John erwiderte, das hätte er auch gern.

„Ich bin überzeugt, er würde anhänglich sein wie ein Hund", fuhr er fort. „Stell dir vor, wie nett es wäre, so einen kleinen Kerl an der Leine zu führen, wenn wir in die Stadt fahren."

„In die Stadt . . ."

Würden wir jemals wieder eine Stadt sehen? Wir dachten ständig mit quälender Sorge an die an Bord des Schoners. Hoffentlich war der Entschluß des Vaters richtig gewesen . . . Warum hatte sich die Familie trennen müssen . . . Selbst wenn sie zurückkehren wollten — wie sie ja gesagt hatten —, jetzt ließ sich das nicht machen, jetzt war die Strömung viel zu stark.

Die Gedanken an alle Gefahren, die überall lauerten, ließen sich nicht verdrängen. Manchmal schreckte ich mitten in der Nacht aus dem Schlaf und bildete mir ein, das Schlimmste sei geschehen. Banden hätten den Schoner überfallen und alles niedergemacht. Oder sie wären schiffbrüchig geworden. Oder — oder —. Dann stand ich auf und weckte John, und er wurde stets sehr böse mit mir.

„Verschwind ins Bett, dummes Mädel", schrie er mich an. „Laß mich schlafen! Red dir nicht solchen Blödsinn ein!"

Das war der ganze Trost, den er mir gab.

Im hellen Tageslicht sah alles anders aus. Natürlich war Vater nicht der Mann, sich überrumpeln zu lassen. Und der Aufstand war vermutlich schon lange niedergeschlagen. Wahrscheinlich lag der Schoner sicher in der Bucht vor Anker, und die Eltern waren mit Mikael und den Boys damit beschäftigt, Wohnhaus,

Bäckerei und Laden instandzusetzen. Wahrscheinlich dachten sie genauso viel an uns wie wir an sie. Und bald fiel der Fluß genügend, daß sie herauffahren und uns holen konnten. Mit solchen Gedanken versuchten wir uns zu trösten.
Doch dann, eines Tages . . .

Ein Brief

Dann, eines Tages, erhielten wir Nachricht. Der Tag war eigentlich fast vorbei, es begann zu dämmern. Wir wollten eben Licht anzünden. Da stürmten Bob und Arty zur Tür und bellten, daß sich ihre Stimme überschlug. Als wir die Tür öffneten, stürmten sie hinaus in den Regen, den sie sonst hassen. Da mußte sich etwas Ungewöhnliches begeben. Sie rannten auf den Wald zu. Und aus der Wand des schwarzen Regens, der in der zunehmenden Dunkelheit jede Sicht unmöglich machte, aus der für Augen und Ohren undurchdringlichen tropischen Regennacht, löste sich eine Gestalt. Taumelnd, auf einen Stock gestützt, näherte sich uns ein Mensch.
Ohne darauf zu achten, daß wir innerhalb von Sekunden bis auf die Haut durchnäßt wurden, liefen wir ihm entgegen. Unser Herz schlug angstvoll, als wir erkannten, wer es war. Es war Ocombe.
Ocombe, so zerlumpt, so abgemagert, so müde und vor Fieber zitternd, daß er in Pats und Johns Armen zusammenfiel.
Wir führten ihn hinein. Wir gaben ihm Milch zu trinken. Dann legte er die Arme auf den Tisch, sank darüber zusammen und schlief auch schon.
Wir konnten nicht warten. Wir weckten ihn und schüttelten ihn zurück zu Bewußtsein. Er hob uns das erschöpfte Gesicht entgegen und verzerrte es.
„Alles gut mit Massa und Missu", stieß er hervor.
Dann fiel ihm der schwere Kopf wieder auf den Tisch. Doch

wir schüttelten ihn noch einmal wach. „Mikael? Der Schoner? Wo sind sie? Schnell, antworte, dann kannst du schlafen."

„Alles gut", stieß er wieder hervor. „Master Mikael — auch gut."

Wir faßten ihn unter die Arme, stützten und führten ihn zu einem Bett und ließen ihn schlafen. Wir allerdings dachten nicht an Schlaf. Wir waren glücklich, denn Ocombes Botschaft klang ja gut. Doch wie war er hierher gekommen? Durch den Urwald hier gibt es keine Wege. Und ohne solche kann man den afrikanischen Regenwald nicht durchqueren. Das ist unmöglich, es sei denn, man hackte sich Schritt für Schritt mit der Machete einen Pfad. Wie soll ich das erklären? Der Pflanzenwuchs zwischen den eigentlichen Bäumen gleicht einer dichten, völlig verfilzten Hecke, die nach keiner Richtung hin ein Ende nimmt. Aber der Vergleich stimmt nicht ganz. Eine Hecke besteht aus einer einzigen Pflanzenart, der Bodenwuchs im Regenwald jedoch ist eine dicht verfilzte Mauer aus unendlich vielen Pflanzengattungen. Zwei, drei, vier Meter hohe Dornbüsche, Gras mit messerscharfen Kanten und Widerhaken, Kriechgewächse, die zäh sind wie Taue, Brennesseln, hoch wie Sonnenblumen, und noch viel anderes. Dazwischen umgestürzte Bäume, und alles durchflochten und noch weiter verfilzt von den Luftwurzeln der Urwaldbäume.

Das ist ja das Wesen Afrikas. Des ewigen, unüberwindlichen Afrika, in dem es den Menschen nicht gelingt, die ständig vordrängende Vegetation zu bändigen. Das Afrika der Tropenregen, mit dreißig Meter tiefem Humusboden und vierzig Meter hohen Bäumen.

Unter der Oberfläche dieses dichten, grünen Meeres geht die Sonne niemals auf. Ja, dieser Regenwald in seiner ungeheuren Ausdehnung wirkt tatsächlich wie ein Meer, auf dessen Grund ein ewiges Halbdunkel herrscht, wo es immer gleich feucht ist für die Pflanzen.

Es ist ein Treibhaus.

In den grünen Tiefen wimmelt es von Tieren. Im großen und ganzen sind sie dem Menschen nicht gefährlich, er selbst ist das einzige wirkliche Raubtier. Was dem Menschen gefährlich wird, sind die Pflanzen, denn sie setzen ihn gefangen. Nicht die Tiere mit ihren Kräften, ihrer Wildheit, ihrer Vielfalt verschließen ihm diesen Wald — nein, das Gras, das Kraut, die Büsche und Bäume. Die Pflanzenwelt ist einfach überwältigend!

Hie und da haben Elefanten und Büffel Wildpfade geschaffen, die sie offen halten. Doch diese Pfade führen nirgends hin. Sie können einem nur durch einen glücklichen Zufall weiterhelfen.

Ein solcher glücklicher Zufall mußte Ocombe auf einen Wildpfad gebracht haben, der in eine Richtung führte, von der er wußte, daß sie ihn nach Yongve bringen mußte.

Darüber sprachen wir, während draußen der Regen herabrauschte. Wir hatten nur eine einzige Kerze brennen, und wir sprachen leise, um Ocombes Schlaf nicht zu stören. Als es Mitternacht war, weckten wir ihn, denn wir hatten ihm eine Mahlzeit bereitet. Wer weiß, wie lange er nichts gegessen hatte. Mit Mühe bekamen wir ihn wach, doch er wollte nichts essen, er wollte nur weiterschlafen. Wir holten Wasser und wuschen ihm das Gesicht. Pat ging daran, ihm das Hemd auszuziehen, Stück für Stück, denn das Hemd bestand aus lauter Fetzen. Sein ausgemergelter Körper war mit Wunden besät. Um den Hals trug er an einer Schnur einen Beutel. Pat schnitt die Schnur durch und öffnete das Leder. Darin lag ein Brief in einer Hülle.

Wir eilten zurück in den Raum, den wir Wohnzimmer nannten. Dort öffnete John den Brief. Er war trotz Hülle völlig durchnäßt, die Schrift verlaufen. Unleserlich.

Wir streckten die Waffen nicht. Wir hielten den Brief über die Stearinkerze und trockneten ihn vorsichtig. Wir waren so ungeduldig, daß wir kaum warten konnten. Endlich war er trocken, und wir beugten uns darüber. Auf den dicht beschriebenen Seiten ließ sich hier und da ein Wort entziffern. Nach und nach schienen die Wörter einen Sinn zu ergeben. Das Wichtigste: Vater und Mutter ging es gut, wie schon Ocombe gesagt hatte. Mikael ebenfalls. Soweit wir den Text deuteten, hatten sie den Schoner über die Sandbank bekommen. Und einen leserlichen Ortsnamen fanden wir: Punto Abundo. Das ist ein Kap weiter im Süden, wo ein Leuchtturm steht und ein paar Fischer wohnen. Das Kap ragt weit ins Meer hinaus, das Fahrwasser dort ist gefährlich. Mehrere Kilometer weit hinaus im Meer schäumt die Brandung über Klippen und verborgene Riffe. Doch an der Wurzel des Kaps befindet sich ein guter Hafen.

Wir reimten uns zusammen, sie hätten Ocombe an Land gesetzt, damit er uns Nachricht brächte. Sie selbst seien aus einem uns verborgenen Grund der Küste entlang nach Süden gefahren und wollten bei Punto Abundo vor Anker gehen.

Jedenfalls war das alles, was wir aus dem Brief herausbekamen. Doch sobald Ocombe ausgeruht war, würden wir wohl weiteres erfahren. Das Wichtigste war ja doch, daß es allen gut ging. Wir seufzten erleichtert auf und begannen die Lage zu besprechen. Was sollten wir jetzt tun? Und was wollte Vater, daß wir tun sollten? Sollten wir in Yongve bleiben, oder hatte in dem Brief gestanden, daß wir nachkommen sollten? Falls es das war, wie sollten wir es bewerkstelligen? Mit den Kanus? Das ließe sich machen, doch müßen wir dann alles, was wir besaßen, im Stich lassen. Vor allem Rose . . .

Nun, wir konnten nichts tun, als geduldig warten, bis Ocombe wieder ansprechbar war. Was hatte der Arme an Gefahren zu bestehen, was an Mühsal und Leiden erdulden müssen, wenn er tatsächlich das lange Stück von der Küste zu Fuß zurückgelegt hatte. Wie hatte er nur fertiggebracht, die Richtung einzuhalten?

„Na schön", schloß John unsere Besprechung. „Ich schlage vor, wir gehen jetzt zu Bett. Morgen bekommen wir auf alle offenen Fragen Antwort. Morgen, wenn Ocombe aufwacht."

Wir werden am Meer erwartet

Nach den Aufregungen und der Besprechung, die bis lang nach Mitternacht gedauert hatte, schliefen wir am nächsten Morgen lang. Jeder von uns war wohl noch eine Zeit wachgelegen, weil ihm so vieles durch den Kopf schwirrte.

Wie gewöhnlich fand Fatima als erste aus dem Bett. Als wir uns aufgerafft hatten, saß sie schon an Ocombes Lager und unterhielt sich mit ihm. Der Boy war noch schwach, doch das war nicht anders zu erwarten. Aber er hatte ausgeschlafen und konnte sprechen. Das war zunächst die Hauptsache.

Was wir aus dem durchnäßten Brief herausbekommen hatten, stimmte im großen und ganzen. Die Fahrt den Fluß hinunter war ohne Zwischenfall verlaufen. Im Land herrschte alles andere als Ruhe. Es war richtiger Krieg, Krieg mit allen Grausamkeiten. Den Menschen ging es elend. Wege und Straßen waren mit Flüchtlingen und Militärtransporten verstopft. Unser Dorf war von einem Flugzeug bombardiert worden, die Zivilbevölkerung hungerte, Epidemien breiteten sich aus, die Menschen starben wie die Fliegen.

Diese Lage fand der Schoner vor, als er an der Flußmündung unser früheres Heim passierte. Im Schutz der Dunkelheit fuhren sie daran vorbei, überwanden die Sandbank und erreichten die Bucht. Am nächsten Tag sahen sie durch den Feldstecher, daß von unserem Heim auf der sandigen Halbinsel nichts mehr übrig war. Ein Feuer schien den Laden und die Bäckerei vernichtet zu haben. Auch die Garnisonhütten und das Kommandantenhaus lagen in Schutt und Asche.

Sie wagten nicht, an Land zu gehen, sondern fuhren gleich ein paar Meilen weiter nach Norden. Da trafen sie ein im Sinken begriffenes Kanu mit Flüchtlingen, Männer, Frauen und Kinder. Sie bettelten, man solle sie an Bord nehmen.

Die Flüchtlinge warnten Vater auch, weiter nach Norden zu fahren. Alle Schiffe, die das versuchten, würden geentert oder versenkt. Oder von Flugzeugen bombardiert. Im Süden sei es ruhiger.

Vater konnte nicht alle diese Flüchtlinge an Bord nehmen, doch er versprach, sie an der Flußmündung vorbeizuschleppen. Dann müßten sie sich selbst weiterhelfen. So geschah es auch. Doch was nun? Den Fluß hinauf konnte der Schoner des Hochwassers wegen nicht. Da erbot sich Ocombe, über Land zu uns zu marschieren. Er sollte uns die gänzlich veränderte Lage schildern und Vaters Anweisungen überbringen.

Also setzten sie Ocombe dreißig Kilometer südlich der Flußmündung an Land. Von hier aus konnte er mehrere Meilen lang einem kleinen Fluß nach Osten folgen. Dann mußte er versuchen, mit den Eingeborenen Verbindung aufzunehmen. In dieser Gegend sollte irgendwo ein Dorf liegen.

Ocombe bekam Vaters Revolver, Patronen, Proviant und ziemlich viel Geld mit auf den Weg. Falls er einen Eingeborenen fände, der ihm gegen Bezahlung als Führer diente, konnte er in ein paar Tagen in Yongve sein. Inzwischen sollte der Schoner in südlicher Richtung nach Punto Abundo fahren, dort zwei Wochen warten und dann längs der Küste kreuzen, nicht weiter von Land entfernt, als daß sie uns kommen sehen konnten.

Doch Ocombe fand an dem Flüßchen kein Dorf. Er fand überhaupt keine Anzeichen seßhafter Menschen. Also war er ganz auf sich gestellt, er folgte Wildpfaden, orientierte sich an der Sonne, bahnte sich wenn nötig mit der Machete den Weg und durchquerte die kleinen Flüße schwimmend. Sein Proviant ging zu Ende. Nun lebte er von dem, was er mit Vaters Revolver schießen konnte. Als auch die Patronen zu Ende gingen, aß er Früchte und genießbare Wurzeln. Gerade als er die Orientierung völlig verloren hatte, hörte er zum Glück das Tosen der Stromschnellen von Yongve.

Er schleppte sich dorthin, und weiter hätten seine Kräfte ohnehin nicht gereicht.

Wir fragten ihn nach einer mündlichen Botschaft Vaters aus, doch er wiederholte nur, wir sollten so schnell wie möglich auf irgendeine Art zur Küste kommen. Wir sollten nur mitnehmen, was wir tragen konnten, und die Häuser verschließen, so gut es ging. Mehr bekamen wir nicht heraus. Nichts von Vaters Plänen für die Zukunft, nichts, ob er womöglich das Land ganz verlassen wollte oder mußte. Nichts.

„Aber — Rose?" fragte ich bang.

Niemand antwortete. Alle wußten, was geschehen mußte. Wir konnten die Kuh nicht ihrem Schicksal überlassen. Wir mußten sie töten.

Ich spürte, wie mir die Tränen in die Augen stiegen. Pat strich mir übers Haar. „Es geht nicht anders, du verstehst es ja selbst", sagte er weich. „Du weißt auch, daß dein Vater für alle Geschöpfe immer nur das Beste will."

Alle Geschöpfe, das waren alle Tiere, die Vater im Lauf der Jahre hatte töten müssen, obwohl es ihm furchtbar schwer gefallen war. Jetzt war Roses Zeit gekommen.

John schiebt Unangenehmes nie hinaus. Er erschoß sie noch am selben Abend. Das Fleisch überließen wir Fatima und den Boys. Sie kochten und brieten und schmausten unten in Fatimas Haus. Auch Ocombe rappelte sich von seinem Lager auf und schleppte sich hinunter, um an dem Schmaus teilzunehmen.

Sechs Wochen hatte Ocombe für den Gang durch den Wald gebraucht, der für wenige Tage veranschlagt gewesen war. Vom Schlafen im Freien und dem Regen hatte er Fieber bekommen. Lange Strecken hatte er wie im Delirium zurückgelegt. Den Revolver hatte er verloren. Seine Stiefel waren durchgelaufen, die Kleider in Fetzen. Einmal war er auf Pygmäen gestoßen. Sie hatten ihn in ihr Dorf genommen und ein paar Nächte unter Dach schlafen lassen. Doch er hatte sich bei ihnen nicht wohl gefühlt und vor ihren primitiven Waffen gefürchtet. Die Grashütte aber, in der sie ihn schlafen ließen, die nannte er „all right". Zwar regnete es durch, aber nicht ärger, als daß es auszuhalten war. Bei den Pygmäen hatte er den schlimmsten Fieberanfall durchgemacht, er konnte nicht sagen, wie viele Tage und Nächte er gedauert hatte. Jedenfalls verließ er die freundlichen kleinen Menschen in besserer Form und erholt. Sie brachten ihn auf den rechten Weg und begleiteten ihn ein Stück.

Wir bereiten den Abschied von Yongve vor

Als es einmal beschlossen war, wollten wir Yongve so schnell wie möglich verlassen. Die anderen warteten ja auf uns. Wir sahen den Schoner vor uns, wie er in der Bucht kreuzte. Tag um Tag kreuzte, während sie mit dem Feldstecher die Küste absuchten. Doch wir mußten warten, bis der Regen aufhörte. Wieder und wieder besprachen wir, wie wir vorgehen wollten: wir fanden, es sei die einzige Möglichkeit, in den Kanus den Fluß hinunterzufahren. Ich ging hinunter und besah mir den Fluß. Es war ein schauriger Anblick. Das Wasser reichte bis zum Wald hinauf und unterwusch alles, was sich nur unterwaschen ließ. An unserem Badeplatz hatte das Wasser die Grasböschung bis weit hinauf weggerissen, so daß ein senkrechter, seifenglatter Bruch aus Lehm entstanden war, an dem der Fluß nagte und nagte, als bekäme er nie genug.

Die Palme, an der wir den Schoner vertäut gehabt hatten, war verschwunden. Und die Wasserfläche, die wir See genannt hatten, kochte in Strömung und Gegenströmung und unzähligen Wirbeln. Treibende Büsche und Bäume tanzten im Kreis, wurden von den Strudeln eingesaugt und schossen plötzlich wieder in die Höhe, wie von einem Katapult unter der Oberfläche erfaßt. Das Tosen der Stromschnellen übertönte alles. Und unablässig strömte der Regen herab. Ein Kanu draußen in dem kochenden Hexenkessel wäre verloren gewesen. Wenn es nicht von einem Strudel verschlungen wurde, würde es innerhalb von Minuten von oben mit Wasser gefüllt werden und sinken.

Zum Glück lagen die Kanus an einer sicheren Stelle, weit oben auf dem Hügel, so weit, daß wir Mühe haben würden, sie zu Wasser zu bringen, vom Regen vollgesaugt wie das Holz war.

Man mochte es drehen und wenden wie man wollte, wir konnten erst aufbrechen, wenn der Regen nachließ, und der Fluß sich etwas beruhigt hatte.

Ich war krank vor Ungeduld. Schon lange hatte ich alles gepackt, was ich mitnehmen wollte. Um die Zeit hinzubringen,

packte ich alles aus und wieder ein und wieder aus und
überprüfte, ob ich die richtige Wahl getroffen hatte. Auch John
hatte sein Hab und Gut gepackt und in einen Rucksack gelegt.
Meine Sachen waren in einer kleinen Holzkiste verstaut. Pat
hatte nur ein schmales Bündel. Darin befanden sich seine Soutane, zwei Gebetbücher und die Bibel.

Ocombe erholte sich schnell von den Strapazen. Anfangs zwangen ihn immer wieder Fieberanfälle, sich zu Bett zu legen, doch
wurden diese Anfälle zusehends schwächer.

Mir wurde beinahe schlecht davon, wie die Boys und Fatima in
Kuhfleisch schwelgten. Bob und Arty waren um kein Haar besser. Auch wir anderen litten keinen Mangel an frischem Fleisch;
wenn wir das Bedürfnis danach hatten, schlachteten wir ein
Stachelschwein. Die betrachteten wir beinahe als Haustiere, so
sehr waren wir an ihr nächtliches Rascheln ums Haus gewöhnt.
Doch wenn irgend möglich ließen wir auch die Stachelschweine
leben und beschützten sie gegen die Jagdlust der Boys.

Die Folge unseres Verhaltens war, daß auch andere Kleintiere
in unserer Umgebung zutraulich wurden. Ab und zu kam vom
Fluß die scheue Fischotter herauf und holte sich die übriggeblie-
benen Fischreste.

Fische hatten wir immer mehr als genug, der Fluß wimmelte
von ihnen, wenn es auch nicht die für uns gewohnten Arten
waren. Man brauchte die Angel nur kurz ins Wasser zu halten,
schon biß einer an. Krebse fingen wir in kleinen Reusen, die
wir zwischen den Büschen auslegten, wo das Wasser nur ein
paar Fuß hoch stand.

Krebsefangen bildete eine willkommene Abwechslung im eintönigen Tagesablauf der Regenzeit. Es tat gut, hinauszulaufen,
durch und durch naß zu werden, zwischen den Bäumen am
überschwemmten Ufer umherzuwaten und nachzusehen, ob
etwas in den Reusen steckte. Und es tat gut, dann wieder
ins Haus zurückzukehren, trockene Sachen anzuziehen und zu
genießen, daß man sicher und vom Regen geschützt unter Dach
und Fach war.

Eines Morgens, als wir erwachten, war der Himmel blau. Wir
jubilierten und hofften, es würde so bleiben. Die heftige Regen-

zeit ging ihrem Ende entgegen, vielleicht war sie ganz vorbei. Gewiß konnten noch Regentage kommen, die Sonnentage aber würden überwiegen.

Wir gingen hinunter und besahen uns den Fluß. Im Sonnenschein wirkte er lange nicht so furchterregend. Wir begannen, vom Aufbruch zu sprechen.

„Worauf warten wir noch?" drängte ich. „Können wir nicht dicht am Ufer paddeln, damit wir nicht in die Wirbel kommen?"

„Hast du eine Ahnung", spottete John. „Da kämen wir überhaupt nicht vom Fleck. Am Ufer verläuft die Gegenströmung, die würde uns packen und erst recht in die wildeste Strömung werfen."

Natürlich wußte ich das. Wenn jemand den Fluß hinauf paddeln will, hält er sich immer in der Gegenströmung am Ufer, und kreuzt ständig von einer Seite zur anderen, um die längsten Gegenströmungen auszunützen.

„Ich weiß nicht, ob wir es nicht doch versuchen sollten", meinte Pat. „Es dauert noch Wochen, ehe der Wasserstand wieder normal ist. Und ist die Strömung stark, dann bringt sie uns um so schneller voran. Wir haben für jedes Kanu zwei Paddler, da kann es nicht so schwierig sein, den Wirbeln auszuweichen. Auch sind es große, feste Kanus, also würde uns selbst ein Wirbel nicht allzu gefährlich werden."

John fragte die Boys, was sie meinten. Auch sie waren dafür, es zu wagen, da wir doch für jedes Kanu zwei Paddler hätten.

Da beschlossen wir, falls das Wetter hielt, zeitig am nächsten Morgen aufzubrechen.

Hinaus auf den Fluß und stromabwärts

Mir schien, daß ich in dieser letzten Nacht in Yongve nicht viel schlief, doch geschlafen muß ich trotzdem haben, denn als ich erwachte, war ich völlig ausgeruht. Ich setzte mich im Bett auf und horchte, ob es regnete. Nein, es regnete nicht. Und erst jetzt fiel mir ein, daß dies ja der Tag unserer Abreise war! Wir wollten fort von hier und zu Vater und Mutter . . . Noch nie war ich so schnell in die Kleider gekommen.

Als ich ins Wohnzimmer trat, waren John und Pat dabei, Munition in wasserdichte Behälter zu verpacken. Es konnte ja wieder zu regnen beginnen, da sollten wenigstens die Patronen trocken bleiben. An Gewehren hatten wir nur die schwere Elefantenbüchse, ein leichtes Vogelgewehr und das Schrotgewehr. Alle anderen Waffen befanden sich an Bord des Schoners.

Die Boys waren schon unten bei den Kanus und brachten die Bodenbretter an. Wir frühstückten wie gewöhnlich.

An Kochgeschirr nahmen wir einen großen Teekessel und zwei Töpfe mit, um gerüstet zu sein, falls wir am Strand vielleicht ein paar Tage warten mußten. Obwohl wir natürlich hofften, der Schoner würde, wenn wir die Bucht erreichten, vor unseren Augen in der Bucht kreuzen.

Die Boys trugen meine Kiste und Johns Rucksack hinunter zu den Kanus. Fatima, jammernd, weil sie hinaus ins Ungewisse sollte, hatte ein so großes, unhandliches Bündel gepackt, daß es einem Heuschober glich. John wollte ihr nicht erlauben, es mitzunehmen, doch sie weinte und beteuerte, darin seien Dinge, die sie und die Zwillinge brauchten, wenn sie auf der Fahrt nicht umkommen sollten.

Pat hob das Bündel auf.

„Schwer ist es nicht", stellte er fest. „Laß es sie mitnehmen. Es kann im Bug liegen, und wird die Lage schwierig, werfen wir es über Bord."

Wir ahnten nicht, wie nützlich, mehr als nützlich, uns das komische Bündel werden sollte. Vorläufig ärgerten wir uns nur über Fatima, daß sie so egoistisch war und nicht Maß halten konnte.

Dort, wo wir die Krebsreusen gehabt hatten, lagen die Kanus jetzt schon im Wasser. Die Reusen hatten wir an Land geworfen, und John rief mir zu, ich sollte sie flachtreten. Während ich das tat, beluden die Boys die Kanus. Dann stiegen wir ein. Fatima, John und Ocombe in das eine, Pat, die Zwillinge, Vicente, die Hunde und ich in das andere. Auf diese Art glaubten wir das Gewicht am besten zu verteilen. Außerdem wollte Fatima durchaus in Johns Boot sein. Einem Boot, das Pat kommandierte, traute sie nicht. Ihre Zwillinge jedoch überließ sie ihm ohne weiteres.

Vorsichtig fuhren wir zwischen den Bäumen heraus, bis wir offenes Wasser erreichten. Sofort ergriff uns die Gegenströmung und führte uns am Wald entlang das Ufer aufwärts. Doch die Paddler setzten alle Kräfte ein und zwangen die Kanus aus der Gegenströmung, bis wir den Rand der Hauptströmung erreichten. Da ging ein Ruck durch die Boote, und sie schossen stromabwärts in einem Tempo, das wir nicht vorausgesehen hatten. Der Fluß war noch schneller und reißender, als man vom Land aus beurteilen konnte.

Die Paddler hielten sich geschickt fern von den saugenden Strudeln, die sich, großen Schlunden gleich, öffneten und schlossen. Man sah sie in der Wasserfläche wie riesige Löcher, so groß, daß ganze Büsche und Bäume um den Strudel rund und rund tanzten, bis sie schließlich von ihm verschlungen wurden.

Wegen der Wirbel, der Strömung, der Gegenströmung und dem vielen Treibgut war es nicht empfehlenswert, daß die beiden Kanus dicht beieinanderblieben. Bald war Johns Kanu dem unseren weit voraus, und je näher wir dem Ende des sogenannten Sees kamen, um so größer wurde der Abstand.

Bis jetzt war nichts anderes zu hören gewesen als das Tosen der Stromschnellen hinter uns und das Rauschen des Wassers an den Paddeln, wenn die Ruderer damit steuerten. Jetzt trat ein anderes Geräusch hinzu, eine Art zitternder, brummender Laut.

„Was ist das?" fragte ich Pat.

Pat wußte es nicht, doch Vicente erklärte, es seien die Luftwurzeln der großen Bäume, die in der starken Strömung vibrierten. So ähnlich wie Violinsaiten, erklärte Pat. Es war ein unheim-

liches Geräusch, ich fand es schlimmer als das Tosen der Stromschnellen.

Der „See" wurde schmäler, wir näherten uns dem eigentlichen
Flußlauf. Und plötzlich war er da! Über der Wasserfläche, dort,
wo das Flußbett sich verengte, wölbte es sich wie ein riesiger
brauner Rücken von einem Ufer zum anderen. Wie eine Dünung hob sich dieser Rücken aus dem Wasser, wie ein brauner,
schlammiger Wasserfall, bei dem das Wasser hinaufschoß statt
hinunter. Das kam von dem enormen Druck im See, der das
Wasser an der Verengung in die Höhe preßte.

Johns Kanu hatte den braunen Rücken beinahe erreicht. Als es
sich auf die Höhe des Rückens schob, zeichnete sich Fatimas
Bündel deutlich gegen den Himmel ab. Wir sahen, wie John
und Ocombe mit aller Kraft paddelten, dann verschwand alles
hinter der schrecklichen Wasserwand.

Ich hätte am liebsten geschrien. Ich saß mitten im Kanu, und
wenn ich den Kopf drehte, sah ich Pats vor Spannung und
Angst verzerrtes Gesicht. Vor mir lagen die Hunde, vor ihnen
saß Vicente mit dem Rücken zu mir, und ganz vorn lagen die
Zwillinge nebeneinander.

Nun hörten die Männer zu paddeln auf und steuerten nur noch.
Für die Vorwärtsbewegung sorgte die Strömung. Und nun
erhob sich die braune Woge vor uns. Sie saugte uns gewissermaßen den Berg hinauf, dann warf sie uns jenseits ab, und wir
waren drüben.

Unterhalb dieser Wasserbarriere wirkte der Fluß mehr wie einst,
und er zeigte auch nicht mehr die schrecklichen Strudel. Ein paar
hundert Meter voraus schoß das andere Kanu in voller Fahrt
dahin. John hob das Paddel und winkte uns zu. Für diesmal hatten wir von Yongve Abschied genommen. Weder mit dem
Kanu noch schwimmend hätten wir es wieder erreichen können.

Unsere Fahrt ging reißend schnell stromabwärts, doch die
Strömung lief gleichmäßig, und wir genossen die Geschwindigkeit. Auf diese Weise ließ sich die Reise zum Meer in vier, höchstens fünf Tagen zurücklegen. Ja, durchaus möglich, daß wir es
in vier Tagen schafften.

Die Sonne stieg, und an Bord wurde es heiß. Ich holte ein Laken hervor und versuchte, ein Sonnensegel zu machen, doch da ich nichts hatte, womit ich es in der Höhe halten konnte, gelang es nicht, und uns blieb nichts übrig, als schweigend zu leiden. Ich versuchte, das Laken ins Wasser zu tauchen und mich darin einzuwickeln, doch das gab ein Gefühl wie im Dampfbad. Also ließ ich es sein.

Am späteren Nachmittag hielten wir nach einer Stelle Ausschau, wo wir die Nacht verbringen konnten. Eine solche zu finden, war nicht leicht, denn überall stand der Wald dicht und undurchdringlich. Doch irgendwo mußte es möglich sein, mit der Machete eine kleine Lichtung herauszuhauen, groß genug, um zwei Zelten Platz zu geben.

Im Verlauf der Stunden fuhren wir dichter an Johns Kanu heran, und bald war der Abstand nicht größer, als daß wir uns mit Zurufen verständigen konnten.

Die grünen Mauern zu beiden Seiten veränderten sich nicht. Nirgends etwas, das die grüne Eintönigkeit unterbrach. Und überall hingen die Luftwurzeln der großen Bäume wie ein Vorhang ins Wasser, von der Gegenströmung angespannt wie Violinsaiten.

Da das Flußwasser braun und schlammig war, führten wir Wasser in Tonkrügen mit uns. Solange wir an Bord waren, aßen wir wenig. Bald tat uns vom Sitzen auf den harten Bodenbrettern alles weh. Feliz und Daniel hatten es besser, sie waren so dünn und klein, daß sie liegen konnten.

Es wurde Abend, und nun eilte es, eine Stelle zu finden, wo wir an Land gehen konnten. John gab uns durch Winken zu verstehen, ihm zu folgen, und plötzlich sahen wir, wie sich sein Kanu quer stellte, von der Gegenströmung erfaßt und ans Ufer getrieben wurde. Wir taten es ihm nach, und bald lagen die Kanus Seite an Seite. Wir hielten uns an den Luftwurzeln fest und spürten, wie die Gegenströmung an den Booten zerrte und rüttelte. Die Männer brauchten eine Stunde, um soviel des Pflanzenwuchses zu entfernen, daß wir das Ufer wie durch einen Tunnel betreten konnten. Schöne Eisvögel, glänzend blau, wie aus leuchtendem Email gemacht, flogen heran und setzten sich rings um uns ins Buschwerk. Jetzt brauchten wir nur noch einen Platz für die Zelte und ein Lagerfeuer roden. Während die Machetenhiebe der Boys im Dschungel widerhallten, zogen wir die Kanus weit hinauf an Land. Bald brannte unser Lagerfeuer, und nun ging auch schon die Sonne unter.

Während wir in den Zelten schliefen, hielten die Boys abwechselnd Wache und legten Holz aufs Feuer. Als der Tag graute, kochten wir Kaffee, aßen und gingen an Bord der Kanus. Weiter sauste die Fahrt unter der sengenden Sonne, die über dem braunen Fluß und dem dampfenden Dschungel brannte.

Wir fanden, wir hätten trotz allem mit dem Zeitpunkt der Reise viel Glück. Gerade jetzt, wo die Strömung so stark war, würden wir das Meer viel schneller erreichen.

Ungefähr um drei Uhr nachmittags sichteten wir weit voraus die Adlerinseln, die den Flußlauf in zwei Teile spalten. Hier konnten uns Überraschungen in Form von Wirbeln erwarten, denn der Fluß wehrte sich dagegen, in seinem Drang zum Meer aufgehalten zu werden.

An Land war beschlossen worden, den nördlichen Arm zu wählen, der breiter war als der andere. Gesehen hatten wir den südlichen zwar noch nie, doch wir wußten aus Berichten der Eingeborenen ungefähr, wie er aussah.

„Stell dir vor, wie schön es wäre, wenn wir auf einer Adlerinsel übernachten könnten", sagte ich zu Pat. Er gab keine Antwort. Da drehte ich mich um und sah, daß sein Blick starr nach vorn gerichtet war.

„Ist da etwas?" fragte ich.

Er hob das Paddel und deutete.

Fremde Kanus

Wir hatten abgesprochen, möglichst zusammenzubleiben, und so hielten wir einen Abstand von nicht mehr als zehn bis zwanzig Metern. Das war insofern schwierig, als Johns Kanu mit Fatima an Bord schwerer war als das unsere, tiefer im Wasser lag, von der Strömung stärker erfaßt wurde und mehr Fahrt machte.

Als Pat das Paddel hob und deutete, erfaßte ich nicht gleich, worauf er mich aufmerksam machen wollte. Vor uns lag nur der reißende, braune Strom, und weit unten sah man die Inseln. Am linken Ufer stand ohne Unterbrechung der Urwald, doch als ich den Kopf drehte und nach rechts schaute, bekam ich einen gehörigen Schrecken. Denn dort, höchstens einen halben Kilometer vor uns, war ein Stück des Nordufers gerodet, und dieses hafenartige Stück wimmelte von Eingeborenenkanus.

John und Ocombe schrien uns zu, wir sollten uns so weit wie möglich ans andere Ufer halten. Wir gehorchten augenblicklich und drehten quer durch die Strömung aufs Südufer zu. Die Eingeborenen mußten uns schon gesehen haben, denn sie begannen die Kanus ins Wasser zu schieben. Es waren ganz kleine Kanus der Art, die von den Eingeborenen „Moskitos" genannt werden.

Der Name ist angemessen, es sind wahre Mücken von Booten, so schmal und schwankend, daß die Leute darin oft quer sitzen und die Füße ins Wasser hängen müssen, um nicht zu kentern. In jedem Kanu fährt nur ein Mann. Wir sahen mindestens fünfzig Moskitos, also eine ganze Flottille.

Sie wollten uns sichtlich aufhalten. Die leichten, kleinen Boote ließen sich mühelos gegen die Strömung paddeln oder doch an derselben Stelle halten. Sie legten sich in einer Reihe quer über den Fluß.

John deutete uns durch Winken an, noch näher an Land zu halten, bis hinein in die Gegenströmung, die uns sofort ein paar hundert Meter flußaufwärts führte. Wir griffen nach den Luftwurzeln und hielten die Boote fest.

„Was wollen sie wohl?" fragte ich.

„Die wollen nur eines", erwiderte John grimmig.

„Uns umbringen!" schrie Ocombe und griff zum Vogelgewehr.

John befahl ihm, es wegzulegen. Die Kanus versuchten, an uns heranzukommen. Das ging nur langsam, Meter um Meter. Doch wenn wir hier noch lang festlagen, mußten sie uns erreichen.

John griff zur Vogelbüchse, hob sie an die Schulter und wartete. Die kleinen Kanus kamen langsam näher. Einige befanden sich schon in der Gegenströmung und mußten zurückhalten, um die Verbindung mit den übrigen nicht zu verlieren. Ocombe drehte das Kanu, so daß der Bug flußabwärts zeigte. John legte das Gewehr auf Fatimas Bündel auf.

„Jetzt schieße ich", sagte er ruhig.

Er drückte ab, und die Kugel fuhr pfeifend über die Köpfe der Eingeborenen. Sofort hörten sie mit dem Paddeln auf. Er gab noch einen Schuß ab. Das kleine Bleigeschoß strich flußabwärts über die Wasserfläche, gerade zwischen zwei „Moskitos" hindurch.

Da knallte es dort unten, wo der Dschungel gerodet war, und ein Hagel von Geschossen pfiff über unsere Köpfe hinweg. Einige Kugeln schlugen aufs Wasser auf und ließen kleine Wassersäulen hochsteigen, bevor sie abprallten und weiter oben ins Ufer schlugen.

„Deckung!" schrie John und griff nach den Paddeln.

Ungefähr fünfzig Meter weiter oben war ein großer Baum umgestürzt und lag mit dem Wipfel in der Strömung. Es sah aus, als kämpfe er dagegen an, losgerissen und vom Wasser erfaßt zu werden. Dorthin nahmen wir Kurs. Das wurde durch die Gegenströmung möglich. Beide Kanus legten sich hinter den Baum, der uns mit seinem riesigen, mehr als zwei Meter dicken Stamm völlig deckte.

Von der Rodung weiter unten wurde noch immer auf uns geschossen, doch der Abstand war so groß, daß wir nichts zu befürchten hatten. John und Pat meinten beide, die Schüsse würden aus Militärgewehren abgegeben. Jagdgewehre tragen nicht so weit, und der Abstand maß sicherlich achthundert Meter.

Die „Moskitos" lagen noch immer an derselben Stelle, manche

trieben langsam mit der Strömung ab. Unsere schweren Kanus hätten wir mitten im Fluß nicht so still halten können. Vorläufig waren wir in Sicherheit. Doch was würde geschehen, wenn die Nacht anbrach?

„Die Dunkelheit wird uns decken", versicherte John. „Sobald es Nacht ist, nehmen wir volle Fahrt auf, da können sie uns nicht sehen."

Noch einmal versuchten die „Moskitos", sich uns zu nähern. Ein Schuß aus dem Vogelgewehr stoppte sie sofort, und nun paddelten die meisten zur Rodung zurück.

Hier an dem umgestürzten Baum litten wir auch weniger unter der gnadenlosen Sonne. Ein riesiger Ast, selbst so groß wie ein Baum, breitete sein dichtes Laub über uns und gab Schatten. Die Kanus lagen hinter dem dicken Stamm sicher, doch wir merkten, wie sie im Wasserdruck zitterten.

Wir lagen still und die Stunden schlichen dahin. Plötzlich wurden wir gewahr, daß es aus Fatimas Bündel im Bug von Johns Kanu tropfte, und wir fragten sie, was das sein könne. Sofort begann sie zu jammern und zu schreien: ihre Medizin! Sie hatte nämlich immer einen geheimnisvollen Absud aus Kräutern und Insekten herumstehen, der, wenn man ihr glaubte, gegen alle möglichen Krankheiten half. Anscheinend waren diese Flaschen irgendwie entzweigegangen. Aber wie? Sie waren ja stoßsicher in Kleider verpackt.

Unsere Kanus lagen Seite an Seite. Pat ergriff das Bündel und wendete und drehte es. Zuerst fand er nichts, doch als wir es genau untersuchten, entdeckten wir in dem Stück Segelleinen, worin sie ihre Besitztümer verpackt hatte, eine ganze Menge kleiner Löcher. Pat machte John darauf aufmerksam.

„Oh!" rief John und umfaßte sein Kinn mit der Hand. „Einschüsse!"

So war es. Einige Schüsse hatten Fatimas Bündel getroffen. Fest gepackt wie es war, hatte es wie eine Brustwehr gewirkt.

Noch während wir besprachen, welches Glück es gewesen war, daß das Bündel die Insassen des Bootes beschirmt hatte, bemerkten wir, daß ein größeres Boot mit acht Eingeborenen den Fluß überquerte, um mit der Gegenströmung an uns heranzukommen. So ein großes Kanu hatte ich noch nie gesehen — es war ein Kriegskanu, erklärte John.

Wir hofften, es würde zu schwer sein, um gegen die Strömung anzukommen. Tatsächlich trieb es schnell flußabwärts, querstehend, obwohl alle acht Mann paddelten, was das Zeug hielt. Dann überwand es langsam doch die Strömung und drehte in die Gegenströmung ein. Nun sahen wir es von vorn. Es war kein erfreulicher Anblick: im Bug hatten sie aus Brettern eine Brustwehr aufgebaut gegen die Johns Vogelbüchse machtlos war.

John stand auf und gab ein paar Schüsse ab, die in der Brustwehr stecken blieben. Das Kriegskanu näherte sich jetzt unheimlich schnell. Wir erkannten, daß in der Brustwehr eine Schießscharte eingelassen war. Daraus blitzte ein Gewehrlauf.

John zielte und schoß mehrmals. Man hörte das Knallen der Schüsse kaum über dem Brausen des Wassers, das durch die Zweige des Baumes rauschte, unseres Beschützers.

„Die Elefantenbüchse!" schrie Ocombe.

John ließ die Vogelbüchse fallen und griff nach dem kurzen, plumpen Gewehr, lud es mit einer großen Patrone, stieg über Fatimas Bündel und legte sich mit dem Oberkörper auf den dicken Baumstamm. Er zielt sorgfältig, und wir hielten vor Spannung den Atem an. Dann knallte es.

Und wie es knallte. Es war wie ein Donnerschlag, wie eine Explosion. Die hölzerne Brustwehr des Kriegskanus zerbarst in einem Splitterregen. Ein Paddler neigte sich zur Seite und fiel über Bord. Die anderen stießen Schreckensschreie aus und paddelten ums liebe Leben aus der Gegenströmung.

„Gib ihnen noch eins drauf!" schrie Vicente.

John schüttelte den Kopf. Ocombe riß die Vogelflinte an sich und feuerte dem fliehenden Kanu mehrere Schüsse nach. Zwei Mann ließen die Paddel fallen und sanken zusammen. Ocombes Augen funkelten vor Haß; ich bekam beinahe Angst, als ich es beobachtete.

Die fünf Eingeborenen, denen nichts geschehen war, paddelten weiter, überwanden endlich die Gegenströmung und erreichten die Hauptströmung, die das Kanu sofort mit sich riß.

Wir warten bis zur Dunkelheit

Eine Ewigkeit verging, bis sich die Sonne endlich zum Horizont neigte. Wir machten uns fertig, um sofort loszufahren, wenn die Dunkelheit einfiel. Nun sank die Sonne, und Himmel und Fluß wurden blutrot. In dem grell flammenden Licht sahen wir die Seeadler kreisen. Dann sank die Nacht herab. Die Glühwürmchen begannen zu leuchten, und aus der Tiefe des Urwalds drangen die Geräusche der Nacht.

„Jetzt!" rief John endlich.

Wir lösten die Vertäuung, die uns am Baum festhielt. Sofort erfaßte die Gegenströmung beide Kanus. Ich sah unsere Paddler nicht, spürte aber, wie sie sich plagten, um in die Hauptströmung hinauszukommen, und ich spürte den Ruck, als sie uns ergriff.

Da leuchtete es über dem Fluß auf, dort unten, wo der Feind lagerte. Flackernd roter Schein fiel über das schwarze Wasser. Die Eingeborenen hatten einen riesigen Holzstoß entzündet und hofften, uns in seinem Schein zu sehen, wenn wir vorbeiruderten. Der Holzstoß war wirklich ungeheuer groß, seine Flammen schlugen bis zum Himmel. Doch die ganze Flußbreite konnten sie nicht ausleuchten, denn die Entfernung bis zum südlichen Ufer war hier groß. Wir hielten uns an dieses, so nahe es nur ging, ohne in die Gegenströmung zu geraten. Nur wenige Minuten, und wir waren auf der Höhe des Holzstoßes. Schon erhellte sein Schein den Rücken Vicentes, der vor mir saß und mit dem Paddel steuerte. Johns Kanu sah ich nicht, doch Pat flüsterte mir zu, es sei dicht bei uns.

Jeden Augenblick erwarteten wir, beschossen zu werden. Doch es geschah nichts. Wir sahen schwarze Gestalten, die sich ums Feuer bewegten. Und dann waren wir vorbei. Die sausende Strömung riß uns mit, schneller und schneller, und wir dankten

Gott, daß wir gerettet waren, daß die Dunkelheit so dicht und die Strömung so stark war, daß die Burschen uns nicht hatten aufs Korn nehmen können.

So sausten wir weiter, blindlings hinein in die Nacht, dem Meer entgegen.

Selbst wenn unsere späteren Erlebnisse die Erinnerung an die Kanufahrt verblassen ließen, den Fluß in jener Nacht und die Finsternis um uns werde ich nie vergessen.

Es war eine unglaubliche Finsternis, ganz dicht, ganz undurchdringlich. So sternenlos war der Himmel, so unwirklich dies Gleiten auf dem Fluß, daß mir schien, ich schwebte im leeren Raum.

So muß es sein, wenn man tot ist, dachte ich, und der Gedanke jagte mir Angst ein. Mit weit offenen Augen starrte ich ins Dunkel, ohne das Geringste zu sehen. Da rief links hinter uns eine Stimme. Johns Stimme. Sofort antworteten wir: „Hier! Hier!"

Von nun an hielten wir ständig mit Zurufen Verbindung. „Hier!" schrien die im anderen Kanu. „Hier!" antworteten wir.

Das half uns, Abstand zu halten. In der reißenden Strömung wäre ein Zusammenstoß höchst gefährlich gewesen. Ich hielt die Hand ins Wasser und spürte seinen Druck gegen meine Finger.

Kurz darauf hörten wir an den Rufen, daß das andere Kanu uns überholt hatte.

„Wartet!" riefen wir.

Die ganze Zeit über hörten wir das Brummen der Luftwurzeln am Ufer, die in der Gegenströmung vibrierten. Plötzlich gesellte sich ein anderes Geräusch hinzu, ein fernes Brausen wie von Stromschnellen.

„Die Adlerinseln!" schrie John. „Rechts halten!"

Wir spürten, wie sich die Geschwindigkeit des Kanus noch steigerte. Nun begann es zu schaukeln. Rings um uns waren Wellen. Hier, wo der Flußlauf schmal war oder doch schmäler wurde, mußte das Wasser unruhiger sein.

Es gelang uns nicht, das Tempo von Johns Boot zu erreichen.

Immer weiter entfernt klangen seine Rufe, und schließlich wurde das Brausen des tosenden Wassers so stark, daß es jede menschliche Stimme übertönte.

Und dann geschah es!

Ein Ast schlug mir ins Gesicht, und gleich darauf weitere. Ich hob die Arme und schützte mein Gesicht. Wir brausten, ohne daß sich das Tempo verringert hatte, geradewegs in einen Wald aus Buschwerk. Es krachte, und ich wurde aus dem Kanu geschleudert.

Wir waren auf die Ostspitze der kleinsten Adlerinsel aufgefahren.

Ich fiel auf dem Rücken auf, schlug mit dem Kopf hart gegen etwas, und vielleicht verlor ich kurz das Bewußtsein. Jedenfalls gelang es mir nicht sofort, die Gedanken zu sammeln. Als ich wieder ganz bei mir war, merkte ich, daß ich bis zur Brust im Wasser lag. Ich setzte mich auf, tastete mit den Händen über den Boden und spürte Steine. Ich kroch ein wenig umher und merkte, daß der Boden glatt war und leicht geneigt. Da kroch ich auf Händen und Knien aufwärts und zog mich aufs Trockene.

Die Angst packte mich. War nur ich aus dem Kanu geschleudert worden, waren die anderen weit fort ...

„Wo seid ihr?" schrie ich verzweifelt.

„Hier!" erklang Pats Stimme dicht neben mir. „Sind alle hier?"

Ich spürte das nasse Fell der Hunde, die sich an mich drückten, und legte die Arme um sie.

„Ich bin hier", sagte ich laut. „Und Bob und Arty auch."

„Hier sind wir", erklangen die Stimmen von Feliz und Daniel, und schon kamen die kleinen Jungen angekrochen. Wie die Hunde drückten sie sich dicht an mich, und ich spürte, wie mich ihre dünnen Kinderarme umschlangen.

„Pat", sagte ich und streichelte die Jungen. „Feliz und Daniel sind bei mir. Wo bist du?"

„Hier", erklang Pats Stimme dicht an meinem Ohr. „Und Vicente?"

„Ich bin hier, Padre", hörten wir nun auch Vicentes Stimme.

„Wo sind wir denn aufgefahren?" fragte ich.

„Vermutlich auf die Adlerinsel. Es war, als führen wir geradewegs in den Wald. Aber wir dürfen das Kanu nicht verlieren! Wartet ein bißchen, ich werde leuchten."

„Ich habe es, Padre", sagte Vicente ein Stückchen entfernt. „Ich halte es fest."

Wir atmeten erleichtert auf. Vielleicht war alles halb so schlimm. Natürlich waren wir naß, doch das hatte in einer so milden Nacht nichts zu bedeuten.

Bei Expeditionen in die dichten Urwälder achten wir stets darauf, dreierlei bei uns zu haben: Taschenlampe, Stearinkerzen und Zündhölzer. Machete versteht sich von selbst. Wenn einen die Dunkelheit überrascht und man kein Licht mithat, muß man sich an Ort und Stelle niedersetzen und den Tagesanbruch abwarten. Diese drei unentbehrlichen Dinge trugen wir stets in einem wasserdichten Plastikbeutel am Körper.

Ich allerdings trug auf dieser Fahrt keinen solchen Beutel, Pat jedoch hatte den seinen am Leibriemen hängen. Deshalb konnte er sagen, er würde Licht machen. Schnell holte er die Taschenlampe hervor, und schon zerschnitt ihr weißer Lichtkegel die Finsternis.

Das erste, was ich sah, war ein gelbweißer Wasserfall, der direkt auf uns zukam, sich aber an einem schwarzen Felsen teilte und gurgelnd unter einem meterhohen Dickicht von Zweigen und schwarzem, verschlungenem Geäst verschwand. Zu beiden Seiten des Wasserfalls stand der Urwald und schien sich in der Strömung zu wiegen. Dann drehte Pat die Lampe, und ich sah das Kanu. Es lag auf der Seite, zur Hälfte von dem Wasserfall unter das Dickicht gesaugt. Vicente stand bis zur Brust im Wasser und hielt es am Bug fest. Ich konnte nicht aufstehen und ihm helfen, denn die Zwillinge und die Hunde lagen über meinen Beinen.

„Kommt einer her und haltet die Taschenlampe", rief Pat.

Feliz rappelte sich auf, schlurfte hin und übernahm die Lampe. Jetzt hatte Pat beide Hände frei und zog mit Vicente das Boot so weit hinauf, daß es auf dem Trockenen lag. Das heißt, völlig trocken war hier nichts. Gleich hinter meinem Rücken sprudelte unter einer Baumwurzel ein mittelgroßer Bach hervor.

Jetzt leuchtete Pat die Umgebung ab. Was wir sahen, war nicht eben ermutigend. Ehrlich gesagt, der Anblick der riesigen Bäume, die unter Wasser standen, und der flachgedrückten Büsche war ziemlich furchterweckend. Weiter im Innern, hinter uns, stand die übliche grüne Wand mit ihren tastenden Fangarmen von Luftwurzeln und Lianen, seltsam verdrehten Wurzeln und knorrigen Stämmen. Dazwischen übergroße Blätter uns unbekannter Pflanzen, ganze Büschel Messergras und krautartige Gewächse mit langen Widerhaken.

„Die Machete", rief Pat.

Vicente bat um die Taschenlampe und untersuchte das Kanu, doch alles, was wir mitgeführt hatten, war beim Kentern herausgeschleudert worden. Wir hatten keine Machete, wir hatten nichts, um einen Flecken Wald zu roden.

Da brachen Pat und Vicente große Äste, so daß sie Keulen hatten, mit denen sie sich den Weg in den Wald bahnen konnten. Dann bearbeiteten sie mit den Keulen die Büsche, und ich leuchtete ihnen. Auf diese Art rodeten wir ein paar Quadratmeter und hatten Platz für ein kleines Feuer.

Um dieses Feuer saßen wir die ganze Nacht, nickten zwischendurch ein bißchen ein, doch zum richtigen Schlafen fanden wir die Ruhe nicht. Das Feuer beleuchtete die Büsche und mannshohen Gewächse rings um uns, über uns wußte ich ein Dach aus dichtem Laubwerk, und ein Stück entfernt hörten wir zu beiden Seiten den Fluß brausen.

Endlich graute der Tag. Und so wie die Abenddämmerung in den Tropen nur ganz kurz dauert, so steht es auch mit der Morgendämmerung. Wir erhoben uns von dem rauchenden Feuer und schauten uns um. Wir saßen nur ein paar Meter von einer glatt geschliffenen Felszunge entfernt, die den anbrandenden Fluß wie der scharfe Bug eines Dampfers entzweischnitt. Der Wald hielt dem Anprall stand, das Hochwasser brauste durch die Baumstämme, und dort, wo ein Riese gestürzt war, kam der nackte Felsboden zum Vorschein. Das schiere Glück hatte uns an der einzigen Stelle kentern lassen, die nicht unsere sofortige Vernichtung bedeutet hatte.

Über Nacht waren uns die Kleider auf dem Körper getrocknet, und wir froren nicht. Gleichgültig dagegen, daß wir neuerlich naß wurden, wateten wir umher, um zu finden, was verlorengegangen war. Das meiste war wohl in das Dickicht hineingerissen worden. Dort lief die Strömung so stark, daß sie uns gefährlich werden konnte. Pat versuchte, dorthin zu waten, während Vicente ihn an der Hand festhielt, doch er mußte es aufgeben. Wir standen daneben und schauten mißmutig zu.

Plötzlich stieß Daniel einen Schrei aus und lief ins Buschwerk. Dort schaukelte zwischen den Zweigen eine kleine Kiste.

„Die Patronen vom Schrotgewehr", schrie er. „Jetzt sind wir gerettet, jetzt können wir schießen!"

Schießen — ja, womit? Das Gewehr war fort.

„Wir müssen das Schrotgewehr finden", sagte Pat entschlossen. „Weit fort kann es nicht sein, es sinkt ja sofort."

Pat und Vicente machten sich wieder an der Stelle auf die Suche, wo das Kanu gekentert war. Sie hatten die Stiefel ausgezogen und tasteten mit Händen und Füßen im Wasser umher. Der Schlamm machte es undurchsichtig.

Zuerst kam die eine Machete zum Vorschein, dann auch die andere. Doch das Gewehr?

Wieder und wieder versuchten es die Männer. Vicente wagte sich bis dicht zu der Stelle, wo es wie ein Wasserfall toste und schäumte und unter dem hochgetürmten Haufen zusammengebackener Zweige und Krautwerk gurgelte. Er hielt sich an den starken Ästen fest und tauchte wieder und wieder. Nichts. Schließlich ging er mit Pat daran, den ganzen Haufen abzutragen.

Plötzlich lächelte Vicente über sein ganzes, schwarzes Gesicht. Nur sein Kopf, und der Arm, mit dem er sich festhielt, waren über Wasser, während er im Schlamm herumsuchte, doch kein Zweifel, er lächelte.

„Ich spüre es mit der Hand", rief er. „Wartet ein bißchen, jetzt hab' ich's." Er warf sich rücklings aufs Ufer, das Schrotgewehr in der Hand.

Es sah aus, als würden wir überleben. Denn mit dem Schrotgewehr konnten die Männer Vögel und anderes Wild schießen. Zündhölzer hatten wir genügend, um ein Feuer anzumachen und die Jagdbeute zu braten. Die Munition war für feuchtes

Klima berechnet, die Hülsen bestanden aus Plastik, und eine Fettschicht verschloß die Öffnung. Es machte nichts aus, daß alles im Wasser gelegen war.

Auf der Adlerinsel

Feliz und Daniel klammerten sich an mich.

„Majan", jammerte Feliz (die kleinen Jungen konnten meinen Namen nie richtig aussprechen). „Majan, kriegen wir heute kein Frühstück?"

Die schwarzen Augen der Jungen schauten flehend zu mir auf. Ihre Gesichter waren von Müdigkeit und Hunger gezeichnet.

„Später", vertröstete ich sie, um nur etwas zu sagen.

Vicente öffnete das Munitionskistchen und nahm zwei Patronen heraus. Damit lud er beide Läufe des Schrotgewehrs. Pat schaute ruhig zu.

„Hier gibt's doch nichts", murmelte er.

Ringsum saßen die kleinen, blauen Eisvögel zutraulich auf den Zweigen, aber sie sind ja nicht größer als Drosseln, und nicht wert, daß man Munition an sie verschwendet. Andere Tiere gab es nicht.

Vicente machte ein paar Schritte zu der grünen Wand hinter uns. Bob und Arty, die wußten, daß ein Mann mit Gewehr Jagd bedeutet, jaulten und kläfften vor Eifer. Dies jedenfalls hatten sie mit den Eingeborenen gemein — die Freude daran, wilde Tiere aufzuspüren und zu töten. Diesmal sollte uns ihr Jagdeifer nützlich werden.

Ohne Scheu vor Messergras und Dorngebüsch zwängte sich Vicente Schritt für Schritt durchs Unterholz und verschwand. Die Hunde hinterdrein.

Pat ging inzwischen daran, das Kanu zu untersuchen.

Afrikanische Kanus werden bekanntlich aus ausgehöhlten

Baumstämmen hergestellt. Je größer der Baum, um so größer das Boot. Nicht alle Baumarten eignen sich dazu.

Die Seitenwände des Kanus werden so dünn wie möglich ausgeschabt. Nur die Enden, wo die Holzfasern quer liegen, läßt man dick, damit sie etwas aushalten. Doch je dicker sie sind, um so schwerer und unhandlicher wird das Kanu. Macht man sie jedoch dünn, dann sind Bug und Heck die schwächsten Stellen des Bootes. Je dünner sie sind, um so eleganter, leichter zu handhaben und an Land zu ziehen ist das Kanu, doch Stöße verträgt es nicht.

Unsere Kanus waren immer von der eleganten Sorte, und das wurde uns jetzt zum Verhängnis. Denn als wir gegen den scharfen Felsen gestoßen waren, hatte der Vordersteven einen Riß bekommen. Das bemerkten wir erst jetzt.

„Ich habe es befürchtet", seufzte Pat. „Es ließ sich gestern nacht gar so schnell ausschöpfen. Das Wasser ist von selbst ausgelaufen."

„Was tun wir jetzt?" fragte ich.

„Ach, Vicente wird den Riß schon dichten können", erwiderte Pat sorglos und gab dem Steven einen Tritt.

Ich muß wohl einen Schrei ausgestoßen haben, aber ganz sicher weiß ich es nicht. Pat sah mich jedenfalls sehr dumm an. Denn nun hatte das Boot neben dem Riß ein Loch bekommen, so groß, daß Pat den nackten Fuß hindurchstecken konnte.

Nun standen wir beide da und schauten dumm und fassungslos drein.

„Padre hat Kanu kaputt gemacht", rief Feliz erschrocken. „Was wir jetzt machen?"

Ja, was sollten wir jetzt machen? Vermutlich es dichten. Doch womit?

„Es war . . . es war verfault", stammelte Pat verzweifelt.

„Stell dir vor, das wäre in der Dunkelheit draußen auf dem Fluß passiert", tröstete ich ihn.

Pat taumelte zu einem trockenen Fleckchen und ließ sich zu Boden fallen. Dabei machte er eine kleine Wendung und schaute nun zwischen die Bäume, wo das Hochwasser leise plätscherte.

„Dort schwimmt doch mein Bündel!" rief er. „Nein, gibt's das."

Er stand wieder auf und watete durch das Wasser, das ihm bis an die Knie ging. Als er das Bündel hochhob, lief Wasser heraus. Er packte es auf. Er legte die durchweichten Bücher auf die Böschung und wand die Soutane aus.

Da fiel im Wald ein Schuß.

„Er hat etwas erwischt!" schrien die Zwillinge. „Jetzt gibt's Fleisch!"

Wir legten mehr Holz aufs Feuer. Pat hängte die Soutane zum Trocknen auf einen Ast. Die Sonne reichte noch nicht bis zu uns herunter, die großen Bäume gaben Schatten. Bob und Arty stürmten aus dem Dickicht, gleich darauf kam Vicente. Er trug etwas Großes, Gelbes, das aussah wie ein Klumpen Lehm. Es war ein mittelgroßes Schuppentier.

Das Schuppentier ist ein Verwandter des Gürteltieres, wird jedoch bedeutend größer. Sein Panzer besteht aus großen Hornstoffschuppen. Es hat einen langen Schwanz und einen kleinen Kopf, das Maul voll spitzer Zähne. Es lebt von Früchten und Insekten. Sein Fleisch schmeckt gut.

Vicente häutete das Tier sofort ab. Geschossen hatte er es unweit unseres Lagerplatzes, aber der Weg durchs Dickicht hatte viel Zeit gebraucht. Er war auf einen Krokodilpfad gestoßen, der zum Wasser auf der Südseite der Insel führte. Dort sei der Fluß sehr reißend und gefährlich.

Pat zuckte die Achseln, als wollte er sagen, das sei ohnehin egal, denn das Kanu sei nicht mehr zu gebrauchen. Vicente untersuchte es und schüttelte den Kopf. Dann fiel sein Blick auf Pats Soutane, und er ließ sich erzählen, wie Pat sein Bündel gefunden hatte.

„Ausgezeichnet", rief Vicente. „Damit dichten wir das Kanu."

Wir zerschnitten das Fleisch des Schuppentieres, steckten die Teile auf Hölzer und brieten sie über dem Feuer. Noch halbgar verzehrten wir sie und tranken dazu ein paar Tropfen Flußwasser.

„So, und jetzt", rief Vicente neu gestärkt, „jetzt bringen wir das Kanu zu Wasser."

Wir besteigen ein leckes Kanu

Ich dachte, wir würden das Kanu dort ins Wasser lassen, wo die starke Strömung wie ein Wasserfall zwischen den Bäumen brauste und im Dickicht gurgelte. Und ich graute mich davor. Doch Vicente bestimmte, wir würden das Kanu durch den Wald ziehen bis zu der Stelle, wo die Krokodile ihren Pfad gemacht hatten. Dort wollten wir das Boot dichten und dann in den Fluß schieben.

„Dort kommen wir aber in den linken Arm", rief ich. „John sagte, wir sollten den rechten nehmen."

„Das geht jetzt nicht mehr", erklärten mir die Männer. „Das Kanu hält nicht. Wir müssen froh sein, wenn es uns gelingt, dort überzusetzen, wo der Arm am schmälsten ist."

Wir legten das Schrotgewehr, die Macheten, die Soutane und das übriggebliebene Fleisch ins Kanu und gingen daran, es dorthin zu ziehen, wo Vicente durch das Unterholz eine Art Pfad gebahnt hatte. Der Boy ging voran und zog das Boot am Seil, hinten gingen die Zwillinge und ich und schoben, während Pat bald rechts, bald links davon lief und es unter Einsatz aller Kräfte hochhob, wenn es stecken oder hängen blieb.

Wir erreichten den Krokodilpfad, er war glatt und schlüpfrig, eine schmale, schlammige Mulde. Dort glitt das Kanu wie auf Schmierseife. Der Pfad war nicht lang. Bald sahen wir durch einen Schild von Nipapalmen und afrikanischen Drachenblutbäumen das Wasser schimmern. Der Krokodilpfad verschwand durch ein Loch in der grünen Wand.

Wir schoben das Kanu mit dem Heck voraus ins Wasser. Solange der Bug noch an Land war, stopften wir die Soutane so fest in das Loch, daß wir überzeugt waren, sie müsse dort bleiben.

Die Paddel hatten wir natürlich eingebüßt, doch Vicente fertigte neue aus den dicken, baumartigen Stielen der langen Nipa-Palmblätter, die eine paddelartige Form haben. Dort, wo das Blatt am Stiel angewachsen ist, findet sich eine löffelartige Verbreiterung, die an ein Ruderblatt erinnert.

„Wir machen es so", setzte Vicente mir auseinander. „Der Padre und ich paddeln, du sitzt vorn und hältst die Soutane fest, damit das Wasser sie nicht herausdrücken kann. Du mußt dich mit dem Rücken mit aller Kraft dagegenstemmen. Die Jungen werden schöpfen."

„Womit sollen wir schöpfen?" fragten die Zwillinge.

„Damit", erwiderte Vicente und drückte jedem eine der Schalen in die Hand, die den Panzer des Schuppentieres gebildet hatten. „Und jetzt müssen alle gut aufpassen und genau das tun, was ich sage. Der Padre und ich paddeln. Wir setzen uns beide ganz nach achtern. Auch die Zwillinge und die Hunde. Alle so dicht wie möglich beisammen. Nur Maryann sitzt vorn. So überqueren wir den Fluß. Los!"

Pat, Vicente und die Jungen· stiegen ins Boot, setzten sich ganz hinten hin, und sofort hob sich der Bug und das Loch lag über dem Wasser. Jetzt sprangen auch die Hunde hinein. Die Zwillinge bekamen den Auftrag, sie neben sich zu halten. Dann ging ich an Bord und kroch zum herausragenden Bug.

„Rücken gegen die Soutane des Padre!" schrie Vicente mir zu. „Drück dagegen, so fest du kannst!"

Wir legten ab. Das Kanu fuhr mit dem Heck voraus durch den Tunnel der Krokodile und auf den Fluß. Es drehte sich sofort im Kreis, und jedes Steuern schien unmöglich zu sein. Pat und Vicente paddelten aus Leibeskräften. Wir wurden flußabwärts gerissen, konnten aber doch etwas quer zum Ufer hin halten.

„Der Bug ist überhaupt nicht im Wasser", rief ich zufrieden. „Ich schwebe in der Luft."

Feliz und Daniel hatten nichts zu tun. Sie saßen ruhig da, in einer Hand die Schöpfkelle, die andere auf dem Rücken je eines Hundes.

„Wir lassen uns noch ein Stück flußabwärts treiben", schrie Pat. „Um so kürzer ist der Weg, den wir gehen müssen."

Vicente antwortete nicht. Er hob das Paddel aus dem Wasser und deutete flußabwärts. Dort, noch ziemlich weit entfernt, ragten zwei schwarze Felsen aus dem Wasser. Die Enge zwischen ihnen saugte die wild aufschäumende Strömung mit unheimlicher Gewalt ein.

„Es wird gehen", beruhigte ihn Pat. „Machen wir weiter."

Selbst wenn wir gewollt hätten, den Kurs hätten wir nicht ändern können. Es handelte sich um Minuten. Die Strömung riß uns zu den Felsen hin. Bevor wir richtig wußten, was geschah, waren wir mitten in der schmalsten Stelle, dort, wo das Wasser die größte Geschwindigkeit hatte. Gleich dahinter floß es wieder ruhiger, denn der Arm wurde breiter und wies Gegenströmungen auf.

Es war nicht die Soutane, die uns im Stich ließ. Was uns zum Sinken brachte, war, daß das Heck so tief lag, daß uns die Wellen unterhalb der Stromschnelle hinten hineinschlugen und das Kanu im Handumdrehen vollaufen ließ. Mit einem Schlag lagen wir schwer und fast unbeweglich im Wasser.

Pat und Vicente plagten sich mit dem Paddeln. Die Zwillinge schöpften und gossen aus, daß ihre Arme wie Windmühlenflügel gingen. Ich saß nun auch im Wasser. Die Männer steuerten zum Ufer, das hier viel weiter entfernt war. Ich spürte, wie das Wasser durch das Leck hereinströmte, und stemmte, wie Vicente geheißen hatte, den Rücken ganz fest dagegen. Doch plötzlich gab alles nach. Die schwarze Soutane schoß ins Boot, ein dicker Wasserstrahl strömte herein, und wir sanken auf der Stelle.

„Bleib sitzen", brüllte Pat, packte Bob an der Nackenhaut und warf ihn über Bord. Vicente tat mit Arty das gleiche. Dann sprangen die beiden Männer hinterher.

Feliz und Daniel waren aufgestanden, und ich dachte, sie würden hinterherspringen. Wahrscheinlich war das auch ihre Absicht, denn sie sind gute Schwimmer.

„Sitzenbleiben, zum Kuckuck", brüllte Vicente sie an, der mit Pat und den Hunden ums Boot schwamm. „Es trägt!"

Tatsächlich, das Kanu sank nicht völlig. Zwar war es mit Wasser angefüllt, doch das Holz trug. Es schwankte, und ich fürchtete, es würde umkippen, doch das geschah nicht. Zwar hätte ich mich mit den Zwillingen an Land retten können, doch wir hätten die Macheten und das Gewehr eingebüßt, und das wäre eine Katastrophe gewesen.

Hier unterhalb der Enge war das Wasser lange nicht so wild. Eine schwache Gegenströmung trug uns zum Ufer, sie war breit und ruhig. Ich schaute um mich. Links erstreckte sich eine große, baumlose, überschwemmte Ebene, die aussah wie ein See. Die beiden Männer und die Hunde schwammen ruhig neben dem Kanu. Plötzlich stellte Vicente sich auf. Er hatte Boden unter den Füßen! Pat tat es ihm nach. Sie wateten jeder auf eine Seite des Kanus und schoben es weiter. Das Wasser wurde immer seichter, schließlich ging es ihnen nur noch bis an die Knie. Dann wurde es wieder tiefer, und sie mußten schwimmen. Dann wieder seichter, und so blieb es, bis wir unter den großen Bäumen waren. Dort fanden wir zu unserer Freude eine unbewachsene, trockene Sandbank. Die Männer wateten an Land und zogen das Kanu hinauf. Bob und Arty standen schon oben und schüttelten sich das Wasser aus dem Fell.

Wir nehmen die Beine in die Hand

„Hier hat das Hochwasser reinen Tisch gemacht", bemerkte Pat und deutete auf die überschwemmte Ebene. „Hier ist Felsboden, deshalb haben sich die Bäume nicht halten können."

Am Rand der Ebene — besser gesagt, es war eine ausgedehnte Lichtung — waren riesige Barrieren von Erde, Geäst und umgestürzten Bäumen aufgehäuft. Es sah aus, als hätte ein Bulldozer ein Jahr lang das Unterste zuoberst gekehrt. Hie und da hoben sich nackte, schwarze Felsbuckel heraus, an anderen Stellen standen kleine Baumgruppen unversehrt auf kleinen Inseln. Trotz allem war es eine schöne Landschaft, eine freundliche Landschaft, und die strahlende Sonne beschien den neuen See. Über den Baumwipfeln kreisten zwei Seeadler, auf der stillen Wasserfläche schwammen tausende Enten und Pelikane. Im Seichten standen weiße Reiher auf einem Bein, blaue Eisvögel schwirrten umher, und in den noch stehenden Bäumen saßen Papageien und stießen ihre krächzenden Schreie aus.

Jetzt hätten wir ohne weiteres das Kanu entleeren, die Soutane wieder ins Loch stopfen und die Reise über den See fortsetzen können. Doch wir hatten alle genug davon, in ständiger Angst in dem lecken Fahrzeug zu sitzen, also ließen wir es auf der Sandbank liegen, um dort in Frieden zu verrotten.

Wir hatten alles retten können, was wir von der Adlerinsel mitgebracht hatten. Beide Macheten, das Schrotgewehr und das Munitionskistchen lagen im Boot, die halb gebratenen Stücke Schuppentierfleisch schwammen friedlich neben Pats Büchern, und mehr hatten wir ja nicht gehabt. Taschenlampe, Zündhölzer und Stearinkerze lagen sicher in dem wasserdichten Beutel, der an Pats Leibriemen hing.

„So", sagte Pat entschlossen und griff zur einen Machete und zum Gewehr. „So, jetzt gehen wir."

Die Soutane hatte er schon ausgewrungen, die drei durchnäßten Bücher in ihre eine und das Schuppentierfleisch in ihre andere Tasche gesteckt, jetzt knüpfte er alles zu einem Bündel und hing es an den Gewehrlauf.

Vicente ging mit der anderen Machete den Dschungel an.

Bob und Arty fühlten sich pudelwohl, sie dachten, es ginge auf die Jagd. Daniel, Feliz und ich entkleideten uns, so weit es ging, breiteten die Kleider auf die Sandbank und warteten, bis sie trocken waren. Das ging in der heißen Sonne schnell. Inzwischen hatten Pat und Vicente einen schmalen Pfad in den Wald geschlagen. Wir kleideten uns wieder an und folgten ihnen.

Ich habe schon beschrieben, wie es in einem Regenwald aussieht. Ich habe von den mächtigen Bäumen berichtet, vom Halbdunkel, das unter ihnen herrscht, von den vielen, seltsamen Pflanzen, die jedes Eindringen verwehren, von den Luftwurzeln der Bäume, kämpfenden Schlangen gleich, und von den allgegenwärtigen Lianen, die selbst fast baumdick sind.

Manche Lianen werden stark wie ein menschlicher Oberschenkel, andere gleichen festen Tauen und Trossen. Sie hängen herunter oder klettern hinauf, sie schlingen sich in undurchschaubarem Wirrwarr von Baum zu Baum. Selbst die dünnsten sind so stark, daß sie einen Mann tragen können. Es gibt Lianen, an denen wir hinaufklettern, wenn wir Elefanten begegnen.

Durch diese Wildnis sollten wir uns einen Pfad hauen! Pat und Vicente brauchten eine Stunde, um sich fünfhundert Meter durchzukämpfen.

Das war natürlich untragbar. Selbst wenn wir das Tempo beibehalten konnten — was fraglich war —, würde es Monate dauern, ehe wir den Wald durchquert hatten.

Doch der Regenwald Äquatorial-Westafrikas ist trotz allem nicht ganz ohne kleine, freie Stellen. Etwa dort, wo ein vom Alter gefällter Baum den Bodenwuchs zerschlagen hat, und dort, wo gewisse Baumarten mit besonders stark schattenden Blättern zuviel Licht abhalten, so daß sich die Bodenpflanzen nicht entwickeln können. Das ergibt kleine Flecken, wo die Erde bloßliegt, und auf solchen Stellen kann man gehen. Nur sind sie schwer zu finden.

Der Wunsch aller Waldläufer ist es, Elefantenpfade zu finden. Am ersten Tag hatten wir dieses Glück nicht, doch wir stießen auf ein Bachbett ohne Wasser. Mitten in der Regenzeit, oder doch kurz danach!

Wie ein offener Spazierweg lag das Bachbett unter den Bäumen. Hie und da standen Pfützen mit klarem, fast kaltem Wasser. Darin wimmelte es von kleinen Fischen und garnelenartigen Krebschen.

„Wie gibt's denn das, wo es doch soviel geregnet hat?" fragte ich Pat.

„Wahrscheinlich hat sich das Wasser einen anderen Weg gebahnt, da trocknete dieses Bett aus."

Vicente war derselben Ansicht. Und Feliz und Daniel berichteten, sie hätten einmal, bevor sie in Punto Campo wohnten, etwas ähnliches gefunden.

„Dort waren auch so viele Garnelen", riefen sie, sprangen in die Pfützen und versuchten, das, was sie für Garnelen hielten, mit den Händen zu fangen. Die Hunde jagten Fischchen, hatten aber ebensowenig Glück wie die Kinder. Anscheinend hatten Bob und Arty nach dem ausgiebigen Bad im Fluß ihre Wasserscheu verloren.

Als die Sonne senkrecht über uns stand — allerdings durch die Baumkronen unsichtbar —, machten wir Feuer und brieten das Schuppentierfleisch noch einmal. Dazu tranken wir das klare Wasser aus den Pfützen. Wir ruhten eine Weile aus, dann ging es im Bachbett weiter.

Nach einer Stunde behauptete Vicente, es führe in die falsche Richtung.

„Wir gehen nach Osten", erklärte er. „Wenn wir so weitermachen, sind wir in ein paar Wochen wieder in Yongve."

Doch was sollten wir tun? Die dichten, grünen Mauern sahen undurchdringlich aus. Auf weite Strecken bildeten sie ein Dach über dem Bachbett, und wir gingen wie in einem dämmrigen, grünen Tunnel. Bunte Schmetterlinge, die nicht wußten, was Menschen sind, umschwärmten uns so nahe, daß wir sie verscheuchen mußten. Manche waren groß wie ein Damentaschentuch.

Der Abend nahte, und noch immer gingen wir in dem Bachbett weiter. Rechtzeitig, ehe es dunkel wurde, sammelten wir große, feste Blätter für das Nachtlager, die breiteten wir auf der trockensten Stelle aus, die wir finden konnten, und legten uns darauf nieder. Die Matratze aus Blättern war prächtig. Pat deckte die Zwillinge und mich mit der Soutane zu. Während wir drei schon schlafen sollten, richteten die beiden Männer ein Feuer, um wilde Tiere fernzuhalten. Sie wollten daran abwechselnd wachen.

Durch den großen Urwald

Ich erwachte, weil die Hunde schrecklichen Lärm machten. Erschrocken warf ich die Soutane ab und stützte mich auf dem Ellbogen hoch. Kam ein Elefant auf uns zu? Nein, es war nur ein Stachelschwein. Es stand vor den Hunden, die Stacheln angriffslustig aufgestellt.

Es war schon heller Tag. Neben mir, zusammengeringelt, lagen die Zwillinge und schliefen ungestört.

Pat lief zu den Hunden und beruhigte sie.

„Hier hätten wir Fleisch, wenn wir wollten", sagte er und wies lächelnd auf das Stachelschwein, das auf die Hunde losgehen wollte.

„Wo ist Vicente?" fragte ich.

„Auf der Jagd. Die Hunde waren mit ihm, also kommt er wohl bald zurück."

Tatsächlich, er kam gleich darauf, doch das Stachelschwein war inzwischen unter protestierendem Jaulen der Hunde im Wald verschwunden. Vicente hatte nichts geschossen, trotzdem kam er nicht mit leeren Händen. Er brachte große, blutrote Früchte, die von den Eingeborenen „Manzanas de silvestre" genannt werden, eine Art Granatapfel, groß wie Orangen. Ich mag sie nicht, ihr Saft ist zäh wie Leim. Noch andere Früchte brachte Vicente, kleine, gelbe, pflaumenartige, die wie säuerliche Himbeerdrops schmecken. Sie haben allerdings kein Fleisch, nur Saft. Ich bekam eine Handvoll und verzehrte sie. Die anderen kauten an den Manzanas. Bob und Arty gingen leer aus, doch sie hatten sich am Abend zuvor an den Resten des Schuppentierfleisches, das sich nicht länger gehalten hätte, fast überfressen.

Wir packten unsere Besitztümer zusammen und gingen weiter den Bachlauf entlang. Vor uns sahen wir die Spuren Vicentes. Er war mindestens zwei Kilometer vorausgegangen und hatte rekognosziert.

„Ein Stückchen weiter fand ich einen Büffelpfad", berichtete er. „Er führt etwas mehr in südlicher Richtung. So wie jetzt können wir nicht weitergehen."

Als wir den Büffelpfad erreichten, verließen wir das Bachbett.

In dieser Gegend mußte es von Büffeln wimmeln. Bald sahen wir überall Fährten, doch von den Tieren selbst nichts. Überhaupt kamen uns nur Affen zu Gesicht; besonders zahlreich waren die Menschenaffen. In großen Rudeln schwangen sie sich durch die Baumkronen, und es klang, als rausche ein Sturmwind durch die Bäume.

Besonders, wenn es sich um Schimpansen handelte. Schimpansen sind die größten Affen Afrikas, wenn man sich Vaters und meiner Ansicht anschließt, daß Gorillas keine Affen, sondern eine Art primitiver Menschen sind. Der Gorilla klettert nicht. Er geht aufrecht. Gewiß *kann* er klettern, und seine Jungen würden ohne diese Fähigkeit nicht überleben. Der erwachsene Gorilla jedoch geht aufrecht. Gorillas hörten wir mehrfach. Vicente hatte uns auf heisere Laute aus der Waldestiefe aufmerksam gemacht. „Dort ist Gorilla, der spricht", flüsterte er. Doch dann trommelte einer von ihnen sich auf die Brust; das war ein anderer, schrecklicher Laut und das Zeichen, daß sie uns bemerkt hatten. Sofort schwiegen alle Gorillas.

Gewiß könnte der Gorilla dem Menschen gefährlich werden, doch er flüchtet vor ihm. Gorillas haben sagenhafte Kräfte, doch diese Geschichten, daß sie eingeborene Frauen entführen, sind purer Unsinn.

Was wir fürchten mußten, waren Büffel. Zum Glück zeigten sie sich nicht.

Als wir ein paar Stunden gewandert waren, flog uns ein Tukan in den Weg, und Pat schoß ihn. Wir machten sofort ein Feuer an und setzten uns dazu, brieten den Tukan und verzehrten ihn auf der Stelle. Davon wurden wir alle satt, auch die Hunde.

Am selben Nachmittag schoß Pat zwei weitere Tukans. Und Vicente, der den Wald und seine Gaben kennt, sammelte Nüsse und kleine Früchte.

Weil wir von Früchten sprechen — weder Bananen noch Zitronen oder Orangen wachsen in Afrika wild. Man findet sie nur in Pflanzungen oder dort, wo eine Pflanzung sich selbst überlassen wurde, und die Sträucher und Bäume verwilderten. Der Mensch hat sie eingeführt. Anders ist es mit den Kokosnüssen, die kamen übers Meer geschwommen, und die Brandung hat sie an Land gespült.

Einmal sahen wir eine Boa, dick wie ein Holzpflock, die unseren Weg kreuzte und einen knorrigen Baum hinaufverschwand. Die Hunde erschraken so, daß sie uns zwischen die Beine fuhren. Vicente wollte die Schlange schießen, doch als Pat ihm zurief, weder er noch ich äßen Schlangenfleisch, ließ er sie am Leben.

Für die Nacht rodeten wir einen guten Platz unter einem Mahagonibaum, der so dick war, daß man im Schutz seines Stammes saß wie an einer Hauswand. Hier legten wir uns wie in der vergangenen Nacht auf eine Blättermatratze zum Schlafen nieder.

Am nächsten Tag aßen wir Tukan und Früchte und gingen weiter auf dem Büffelpfad. Bald erreichten wir eine Stelle, wo auch Elefanten gewesen sein mußten. Große Teile des Unterholzes waren zertrampelt, junge Bäume geknickt, Zweige und Laub abgefressen. Doch es mußte schon länger her sein, daß Elefanten hier gewesen waren, denn Fährten sah man keine mehr.

Später am Tag begann es zu regnen. Wir gingen weiter, bis die beiden kleinen Jungen vor Müdigkeit über ihre eigenen Füße fielen. Pat schlug vor, einen Rastplatz zu suchen. Wir fanden einen großen Baum, der mit einem anderen um den Platz kämpfte, und an den Stämmen der beiden Urwaldriesen war die Erde trocken. Wir setzten uns und lehnten den Rücken an die Stämme. Der Regen rauschte herab, doch wir saßen geschützt. Trotzdem fühlte ich mich unglücklicher als tags zuvor. Alles war so hoffnungslos.

Wir wußten nicht einmal, ob wir in der richtigen Richtung marschierten. Wer weiß, vielleicht schlugen wir einen Bogen östlich zurück zum Fluß? Und wie war es John und den anderen ergangen? Waren sie tot? Erkämpften auch sie sich einen Weg durch den endlosen Urwald? Und Vater und Mutter? Hatten sie alle Hoffnung aufgegeben und waren mit dem Schoner nach Süden gefahren und vielleicht ins Ausland gegangen?

Ich saß an den Baumstamm gelehnt, und die Tränen liefen mir übers Gesicht. Die Hunde und die beiden Negerjungen lagen in einem Haufen auf meinen Beinen. Eine große Ameise krabbelte an mir hoch und biß mich in den Oberschenkel. Das war zuviel. Ich brach in lautes Weinen aus.

Vicente warf mir einen Blick zu, als sei er selbst den Tränen nahe. Pat jedoch lächelte mich an. Er war jetzt so bärtig und wüst, daß er eher einem alten Landstreicher glich als einem Filmstar, doch er lächelte, und das tröstete mich. Anscheinend hatte er noch nicht alle Hoffnung aufgegeben.

Der Bambuswald, und was wir dort fanden

An dieser Stelle verbrachten wir den Rest des Tages. Gegen Abend hörte der Regen auf, doch da war es zum Weitergehen schon zu spät. Also entzündeten wir ein Lagerfeuer und legten uns zum Schlafen nieder, diesmal allerdings ohne Blättermatratze, denn alle Blätter waren triefnaß. Die Zwillinge und ich schliefen dicht aneinandergekuschelt, die Hunde ringelten sich zu unseren Füßen ein. Pat hatte wieder die Soutane über uns gebreitet.

Als ich erwachte, hatten die Männer den Tukan schon fertig gebraten. Als Nachtisch gab's Obst und Nüsse. Ich war ausgeruht und meine Stimmung hatte sich gebessert. Bei den Jungen war es genauso. Und dann hieß es weitermarschieren.

Nun ging Pat als erster, hinter ihm ich mit den Hunden, dahinter Feliz und Daniel. Als letzter Vicente mit beiden Macheten, denn jetzt brauchten wir uns keinen Pfad auszubauen, und Pat mußte beide Hände frei haben, um zu schießen, falls ein Tukan zu sehen war. Das Bündel trug jetzt ich, und die Jungen den Rest der Mahlzeit.

Der Tag verging wie immer, wenn es nicht regnete. Die Nacht kam heran und dann wieder ein Tag. Und wieder eine Nacht und wieder ein Tag. Eines Vormittags erreichten wir den Fuß eines Berges. Der Berg stieg ziemlich hoch an, doch der Wald folgte mit. Er bedeckte den Berghang wie das zottige Fell ein Tier. Am Fuße des Berges jedoch wuchs Bambus. Als wir das sahen, brachen wir in laute Freudenrufe aus. Erstens konnten wir uns am Berg orientieren, und zweitens ist Bambus ein wahrer Segen. Durch einen Bambuswald zu gehen ist leicht. Ich meine nicht den dünnen Angelrutenbambus, der lateinisch Arundanaria heißt, der ist ja nicht viel mehr als hohes Gras, und er wächst so dicht wie eine Wiese, da kann man nicht hindurchkommen. Auch an den dicken Bambus denke ich nicht, der wie ein Wald von Stangen eng beieinander steht. Nein, dies hier war der echte Regenwaldbambus. Der wächst in Büscheln, denn eine Art Gras ist auch er, aber was für ein Gras! Die Stengel werden bis zu zwanzig, fünfundzwanzig Meter hoch, und an der Wurzel sind sie so dünn und stehen so dicht, daß die Büschel wie Klumpen wirken mit einem Durchmesser von vier bis acht Metern. Wie uralte Grasbüschel mit dicken Halmen, die alle aus derselben Wurzel kommen, nur sind die Halme dick wie dünne Stangen. Und das Beste ist, daß sie sich oben fächer- oder schirmförmig ausbreiten. Immer vier oder fünf vereinen sich zu einem Dach, einer Wölbung von zarten Spitzbogen, die eine Decke aus hellgrünem Blattwerk tragen. Darunter ist es wie in einem Saal, und weil fast kein Sonnenlicht hindurchfällt, weist der Boden zwischen den Büscheln fast keinen Pflanzenwuchs auf. Aber nackt und bloß ist er deswegen nicht. Trockenes Stroh und die Blätter der überdimensionierten Grasbüschel bedecken ihn, und man geht wie im Buchenwald auf einem Teppich von Herbstlaub. Man wandert gewissermaßen von einem gotischen Saal in den nächsten, und immer wie auf einem federnden Fußboden.

Dieser Gürtel aus Regenwaldbambus zog sich den ganzen Bergfuß entlang. Nicht nur die Wölbungen über uns, auch die Stille darin erinnerte an eine Kirche. Das Laub auf dem Boden dämpfte das Geräusch der Schritte. Der Gesang und die Schreie der Vögel aus dem Bergwald drangen nicht bis zu uns.

Als der Abend anbrach, und wir ein Feuer bauten, hatten wir kein Brennholz als Bambusstäbe. Sie knallten und zerbarsten mit solchem Lärm, daß an Schlaf nicht zu denken war. Es klang wie ein ständiges Feuerwerk. Also ließen Pat und Vicente das Feuer niederbrennen und zündeten eine Stearinkerze an. Sie stand da mit ihrer kleinen, spitzen Flamme und verbreitete einen zarten, gelben Lichtkreis. Kein Windhauch war zu spüren, die Flamme brannte unbeweglich. Als wir einschlafen wollten, löschten wir die Kerze, denn wir hatten nur wenige und mußten sie für Notfälle aufsparen.

Zum Frühstück am nächsten Tag gab es ein Stück vom Tukan. Hier im Bambuswald würde es nicht leicht sein, etwas zu schießen. Bambuswald ist wildarm. Hier gibt es nichts, wovon Warmblüter leben könnten.

Während wir unsere Tukanstückchen aßen, liefen Bob und Arty fort. „Möchte wissen, was sie gefunden haben", murmelte Pat und stand auf.

Er ging den Hunden nach, die Zwillinge und ich folgten ihm neugierig. Wir fanden die Terrier bald, sie beschnupperten etwas Großes, Schwarzes, das auf der Erde lag.

Unerträglicher Gestank drang uns entgegen. Dort lag ein Kadaver, der in Fäulnis überging.

Mit zugehaltener Nase gingen wir näher heran.

Es war ein toter Gorilla. Für einen Gorilla vielleicht nicht übermäßig groß, aber immer noch größer als der größte Mann. Eine Wunde sahen wir nicht. Er mußte an einer Krankheit gestorben sein.

Auch dies hat der Gorilla mit dem Menschen gemeinsam: sein Sterben ist langsam. Andere Lebewesen sterben schnell. Wenn ein wildes Tier krank oder verwundet wird, braucht es nicht lange zu leiden. Raubtiere, die dazu da sind, mit solchen Tieren Schluß zu machen, finden es schnell und töten es. Und darüber gibt es keinen Zweifel: es ist besser, man stirbt schnell und muß sich nicht lang quälen. Ich habe in der letzten Zeit viel ans Sterben gedacht, und wie es wohl ist. Wahrscheinlich doch nicht so, wie ich damals auf dem Fluß meinte, als wir in der finstersten Finsternis auf dem rauschenden Wasser dahinschossen. Wahrscheinlich ist es auch anders, als während unseres Marsches durch den Urwald, wenn alles sofort um mich schwarz wurde, sobald ich den Kopf auf das grüne Kissen gelegt hatte. Weil ich so müde war, daß ich keine Sekunde damit warten konnte, von den Mühsalen und Leiden und den schlimmen Gedanken fortzuschlafen.

Wir treffen Menschen

Wir folgten dem Bambuswald bis an sein Ende. Nun standen wir wieder vor der undurchdringlichen Vegetation, und hier gab es keine Wildpfade. Die Machete kam zu Ehren. Pat und Vicente plagten sich, daß ihnen der Schweiß nur so herunterlief. In einer Stunde machten wir etwa einen Kilometer. Hoffnungslos also.

Sie hauten und hauten ins Dickicht, bis sie vor Müdigkeit umfielen. Dann setzten wir uns nieder, wo wir waren. Zu Essen hatten wir nichts. Auch kein Wasser.

Vicente schlug vor:

„Einer von uns geht denselben Weg zurück und schießt etwas, während der andere weiterarbeitet."

„Den Weg", hatte er gesagt. Wenn wir zurückschauten, konnten wir gerade noch sehen, wo wir uns durchgezwängt hatten. Es war, als schlösse sich die Wunde im Pflanzenwuchs hinter uns sofort. Wir waren voll von Kratzern, Rissen und Schrammen von den Dornen und vom Messergras. Unsere Kleider hingen in Fetzen. Am ärgsten sah Vicentes Hemd aus, denn er bahnte sich oft ohne Machete den Weg, legte sich über das Buschwerk und preßte es zu Boden.

Pat fand Vicentes Vorschlag gut, er gab ihm also das Gewehr und nahm die eine Machete, während ich die andere bekam. Jetzt merkte ich erst, wie schwierig es war, und wie schwach meine Kräfte waren. Armdicke Lianen, die Pat mit einem Schlag durchtrennte, mußte ich entzweisäbeln. Ich rodete dort, wo er schon vorgearbeitet hatte. Bald hatten wir Glück und kamen zu einem etwas lichteren Waldstück. Hier brauchten wir den wuchernden Pflanzenwuchs nur ein wenig einzudämmen und kamen in kurzer Zeit ein hübsches Stück voran. Dann hörten wir zu unserer Freude einen Schuß. Wir unterbrachen die Arbeit und machten Feuer an. Als Vicente mit dem Tukan kam, brauchte der Vogel nur noch gerupft, ausgenommen und auf ein Holz zum Braten gesteckt zu werden.

Die nächsten Tage stehen in meinem Gedächtnis wie ein böser Traum — eine lange Folge voll blutiger Mühsal. Manches Mal war der Wald so dicht und dornig, daß wir kurz vor dem Aufgeben waren. Dann wieder fanden wir Fleckchen nackter Erde, wo es unter dem Laubdach fast dunkel war.

Wir gaben nie die Hoffnung auf, einen Wildpfad zu finden, und endlich hatten wir Glück. Allerdings führte er nach Osten, nicht nach Westen, wo das Meer lag. Trotzdem folgten wir ihm. Uns blieb keine andere Wahl. Hätten wir uns weiter nach Westen durchzuschlagen versucht, wäre es unser Untergang gewesen. Panik hatte uns ergriffen.

Seit wir Yongve verlassen hatten, waren zwei Wochen vergangen. Vater und Mutter mußten annehmen, wir seien umgekommen. Diese Gedanken und die Angst, die daraus entstand, verdüsterten unsere Tage. Doch die Nächte waren gut. Wir fielen zu Boden und schliefen, sobald es dunkel war. Oft waren wir zu müde, uns aus Blättern oder Zweigen ein Lager zu bauen, und streckten uns auf der nackten Erde aus.

Drei Tage folgten wir dem Wildpfad, da trafen wir auf eine Piste. Nicht zu glauben — eine Piste! Eine richtige, wirkliche, afrikanische Landstraße. Ein rotgelber, buckeliger Streifen, der sich durch den Urwald schlängelte. Dieser Anblick gab uns neuen Mut.

Wir konnten endlich richtig ausschreiten, und versuchten, einander zuzulächeln, doch es wurden nur Grimassen. Der Versuch der Zwillinge, zu lächeln, endete in Tränen. Sie drückten das Gesicht an mich und weinten vor Übermüdung.

Jeder wird verstehen, wie froh wir waren, einen von Menschen gemachten Weg vor uns zu haben. Anfangs merkten wir nicht, wie hoffnungslos trist, gelb und staubig, wie endlos er war. Wir marschierten weiter. Wir hatten kein Wasser. Der Durst quälte uns fürchterlich. Der Staub des Weges war voll von Spuren nackter Menschenfüße, die alle in derselben Richtung gingen wir wir. Sie hatten den Staub so stark aufgewirbelt, daß der Wald zu beiden Seiten des Weges davon gefärbt war. Eine widerliche, rotgelbe Farbe.

Die Sonne brannte gnadenlos herab. Der Schatten der Bäume fiel nicht über den Weg, das geschah erst am Abend, doch da waren auch wir rotgelb vom Staub.

Pat stöhnte: „Dies ist schlimmer als der Wald. Beziehen wir ein Nachtquartier. Es wird bald dunkel."

Wir schauten nach einer Stelle aus, wo wir uns niederlegen konnten. Da fiel uns auf, daß links vom Weg schon jemand gerastet haben mußte. Am Wegrand war nämlich ein Fleckchen Wald gerodet, und auch Reste eines Lagerfeuers waren zu sehen. Dort ließen wir uns nieder. Fleisch hatten wir, und da es halbroh und saftig war, konnten wir es mit einiger Anstrengung kauen und schlucken. Dann bereiteten die beiden Männer den Zwillingen und mir ein Lager aus Blättern. Die Jungen schliefen, noch ehe Pat uns mit der Soutane zugedeckt hatte. Ich aber hatte zuviel Durst, um schlafen zu können. Es wurde dunkel. Vicente war um Holz gegangen. Schnell kam er zurückgelaufen.

„Wir sind nicht allein", rief er aufgeregt. „Weiter im Westen brennen mehrere Feuer. Gehen wir dorthin."

Ich stand auf.

„Nein, nein", wehrte Vicente ab. „Nur der Padre und ich. Du bleibst mit den Jungen hier und wartest, bis wir zurückkommen."

„Hast du Angst", fragte Pat und sah mir ins Gesicht.

„Ein bißchen", gab ich zu.

„Die Hunde bleiben bei euch. Wir müssen erst sehen, was das für Menschen sind. Vielleicht gehen wir nicht ganz bis zu ihnen."

Pat lud das Schrotgewehr und hängte es am Riemen an die Schulter. Vicente nahm die eine Machete.

„Du brauchst keine Angst zu haben", beruhigte mich Pat. „Wir bleiben nicht lange weg."

Ich packte Bob und Arty an der Nackenhaut und hielt sie fest, damit sie den Männern nicht nachlaufen konnten. Sie glaubten, die beiden gingen auf die Jagd, und wollten durchaus mit. Es dauerte eine Weile, ehe sie sich beruhigten.

Ich lag auf dem Rücken und starrte hinauf zu den Glühwürmchen, die in der Finsternis umhertanzten. Das Feuer gab nicht viel Licht, es war nur noch ein glosender Gluthaufen. Myriaden Heuschrecken und Zikaden surrten und zirpten. Ab und zu schrie im Wald eine Eule, und ein Nachtrabe knurrte und knarrte mit seinem harten, trockenen Laut.

Mir schien, die Männer seien schon eine Ewigkeit fort, da sah ich sie endlich im schwachen Licht der glosenden Zweige herankommen. Pat warf Zweige und trockenes Gras auf die Glut, und sie flammte auf. Er kam zu mir herüber. In der Hand hielt er eine Blechdose.

„Hier ist Wasser", sagte er. „Aber trink nicht zuviel, es ist unsauber." Ich ließ mich nicht zweimal auffordern. Ich hätte die Dose leicht leertrinken können, begnügte mich aber mit ein paar Mundvoll.

„Hast du es von den Leuten an den Feuern bekommen?" fragte ich, obwohl das die einzige Möglichkeit war.

Pat nickte.

„Was sind das für Leute?"

„Flüchtlinge. Es geht ihnen schlimmer als uns."

Pat stellte die Dose neben eine Wurzel und bedeckte sie mit einem großen Blatt.

Dann ging er hinüber zu Vicente und setzte sich neben ihn. Sie unterhielten sich gedämpft.

„Kommt hieher, damit ich hören kann, worüber ihr redet", bat ich.

„Morgen besprechen wir alles gemeinsam", beruhigte mich Pat. „Leg dich jetzt nieder und schlaf."

„Was sind es für Leute?" fragte ich.

„Freundliche. Sie gaben uns Wasser, obwohl sie selbst nur wenig haben. Schlaf jetzt, du brauchst dich vor nichts zu fürchten."

Ich versuchte zu schlafen, doch tausend Gedanken schwirrten mir durch den Kopf, und ich fand keine Ruhe. Außerdem lagen die Hunde auf meinen Beinen, und die Zwillinge stießen mich im Schlaf immer wieder an. Ich lag angespannt da und lauschte, obwohl ich nicht hätte sagen können, worauf. Die Glühwürmchen tanzten, und das Feuer brannte nieder. Endlich muß ich doch eingeschlafen sein.

Ich schlief länger als die anderen. Feliz und Daniel saßen schon beim Feuer und nagten jeder an einem Vogelbein, als ich die Augen öffnete. Vicente und Pat waren nicht zu sehen.

„Wo sind sie?" fragte ich die Jungen.

„Bei den Flüchtlingen", gab Daniel munter Auskunft. „Dort ist nämlich einer, der stirbt gerade."

„Ja, einer, der wird gleich sterben", stimmte Feliz zu. „Hast du Wasser bekommen? Wir haben dir welches aufgehoben. Hier ist die Dose."

Daniel brachte mir die rostige Blechdose. Sie enthielt noch ein paar Schluck braunes, lauwarmes Wasser. Ich leerte es bis zum letzten Tropfen. Dann bemerkte ich, daß die Hunde an einen Baum gebunden waren. Vicente hatte zu diesem Zweck aus zähen Pflanzenfasern einen Strick gedreht, doch wenn ich Bob und Arty recht kannte, würden sie ihn bald durchgenagt haben.

„Warum haben sie die Hunde angebunden?"

„Weil sie das Gewehr mitgenommen haben."

Nun stand ich auch auf und bekam ebenfalls ein Stück vom Vogel. Dann saßen wir alle drei da und warteten, daß die Männer zurückkommen würden.

„Haben sie gesagt, was dem fehlt, der . . . der dort stirbt?" fragte ich.

„Er hat seit vielen Tagen nicht gegessen", erwiderte Feliz ungerührt. „Also stirbt er jetzt, und die anderen sicher auch. Vicente sagt, es sind tausend."

„Tausend?"

„Ja, er hat gesagt, tausend. Und die müssen alle sterben."

„Pfui, Feliz, so darfst du nicht reden. Das ist häßlich."

Feliz machte ein beschämtes Gesicht.

„Vielleicht sind es auch nur hundert", schwächte er ab.

Ich ging zu den Hunden und gab ihnen die säuberlich abgenagten Vogelknochen. Sie zermalmten sie voll Genuß.

„Die Hunde haben auch Durst", stellte ich fest.

„Vielleicht kommen bald zu einem Bach", tröstete mich Feliz.

„Ich weiß, was Pat dort tut", sagte Daniel plötzlich.

„Na, was tut er denn?"

„Er betet."

Ich nickte.

„Und Vicente steht daneben und hält das Gewehr im Anschlag", fügte Feliz hinzu.

„Warum denn das?"

„Weil sie gefährlich werden können."

„Sie haben uns Wasser gegeben, da müssen sie doch nett sein."

„Vielleicht haben unsere Männer ihnen Angst gemacht, da haben sie Wasser gegeben", meinte Feliz altklug. „Vielleicht hat Vicente auf sie gezielt und gesagt: ‚Gebt uns Wasser, sonst schieße ich euch in die Beine.' "

„So etwas würde Vicente nie tun", rief ich entrüstet. „Und außerdem, glaubst du, Pat hätte es zugelassen?"

„Aber vielleicht hätten sie sonst keines bekommen", flüsterte Feliz . . .

Der Zug der Hungernden

Feliz hatte recht verstanden: es waren wohl tausend Flüchtlinge. Tausend jämmerliche, besitzlose, hungernde arme Teufel auf der Flucht, Männer, Frauen, Kinder und Greise. Sie schleppten sich auf der roten, staubigen Piste dahin. Sie hatten kein Ziel, sie wollten nur irgendwohin, wo sie leben konnten.

Wir hörten, daß im Land nun wirklich Krieg war. Zwei Heere standen einander gegenüber, Artillerie und Bomber wurden eingesetzt, Dörfer und Städte bombardiert, Menschen getötet.

Wir glaubten, wir seien die letzten im Zug. Wir wollten warten, die anderen Flüchtlinge verschwinden lassen, ehe wir weitergingen. Doch während wir warteten, kamen von Osten neue Scharen. Sobald sie uns sahen, blieben sie stehen und bettelten um etwas zu essen. Sie umringten uns und dachten, weil wir Weiße waren, könnten wir ihnen helfen.

Pat erklärte ihnen, wir seien selbst auf der Flucht und hätten nichts zu essen. Da deuteten sie auf das Gewehr und den Wald und baten ihn hineinzugehen und etwas zu schießen. Pat schüttelte den Kopf. Da deuteten sie auf die Hunde, die ich am Strick festhielt, auf die zähnefletschenden, wütenden Terrier, die den Leuten an die Beine wollten. Ich erriet, daß sie um die Hunde bettelten, um sie zu schlachten und zu essen. Die Eingeborenen dieser Gegend essen alles, was Fleisch ist. Außerdem, wenn man so hungert ... Pat gab ihnen keine Antwort.

„Kommt, wir gehen", sagte er kurz.

Wir machten uns auf den Weg. Vicente führte die Zwillinge. Pat trug das Gewehr unterm Arm. Ich das Bündel und die Blechdose.

Die Menge umdrängte uns. Die Flüchtlinge versperrten uns den Weg und hielten uns die halb verhungerten Kleinkinder hin, um ihr Elend zu beweisen. Diese Kinder schrien nicht mehr. Sie starrten uns nur mit großen, schwarzen, leeren Augen an.

Pat blieb verzweifelt stehen.

„Sag du es", bat er Vicente. „Sag ihnen, daß wir die Hunde auf sie loslassen, wenn sie uns nicht den Weg freigeben."

Doch Vicente tat nichts dergleichen. Er ließ die Hände der Zwillinge los. Feliz und Daniel bekamen solche Angst, daß sie sich auf Pat stürzten und an seine Shorts hängten.

„Gib uns nicht denen", heulten sie. „Gib uns nicht denen!"

Vicente hielt das Schrotgewehr in der Hand. Er zielte auf die Beine jener, die uns am nächsten standen.

„Fort!" brüllte er. „Macht Platz! Der weiße Mann ist ein Priester. Er hat nichts zu essen, doch er wird für euch beten. Gebt den Weg frei!"

Die Menge teilte sich und machte Platz. Wir gingen ein Stück weiter, während Pat zurückblieb. Wir hielten an und warteten. Die Menge schloß sich um Pat. Wir wußten, daß er jetzt dort im Staub der Piste kniete.

„Sie tun ihm nichts", beruhigte Vicente uns.

Bald darauf kam Pat uns allein nach, als sei nichts geschehen. Er nahm die Hände der Zwillinge und führte sie. Wir gingen schnell, um von den Flüchtlingen fortzukommen. Doch eben weil wir schnell gingen, holten wir andere Gruppen ein. Sie trugen jämmerliche Bündel und Wasserkrüge. Als sie zwei Weiße kommen sahen, blieben sie stehen und bettelten. „Hunger! Etwas zu essen!"

Wir hatten ja selbst nichts. Wir konnten ihnen nichts geben. Immer die gleiche Antwort.

Einmal stellten sich zwei große Neger uns in den Weg und forderten das Gewehr. Pat wurde zornig und rief ihnen zu, zu verschwinden. Sie rückten ihm dicht auf den Leib, packten den Riemen, an dem er das Gewehr umgehängt trug, und wollten es an sich reißen. Da schlug Vicente den einen mit dem Stiel der Machete zu Boden.

Die Zwillinge brachen in Tränen aus. Jetzt war ich es, an die sie sich klammerten.

„Gib uns nicht denen", heulten sie wieder.

„Seid ihr denn ganz verrückt", fuhr ich sie an. „Ihr müßt doch wissen, daß wir euch nicht fortgeben. Was glaubt ihr, würde Fatima sagen, wenn wir nicht gut auf euch achteten? So, jetzt seid schön still und habt keine Angst. Diese Leute sind nicht böse, sie haben nur Hunger. Genau wie wir. Wenn es nicht so viele wären, hätte Pat ihnen einen Tukan geschossen, aber ihr seht ja selbst, wie weit der reichen würde. Kommt jetzt, wir gehen weiter."

Der Mann, den Vicente niedergeschlagen hatte, wand sich auf dem Boden. Als wir an ihm vorübergingen, tat Vicente, als wollte er ihm mit dem schweren Stiefel ins Gesicht treten. Der Mann hob die Arme vors Gesicht.

„Verdient hättest du's", rief Vicente ihm zu.

Die Kinder bettelten am hartnäckigsten. Sie liefen uns nach, streckten die dünnen Ärmchen aus und flehten und baten, daß es einem das Herz im Leib umdrehte. Wir hatten ja selbst nichts! Und auch nur wenig Hoffnung, etwas zu bekommen. Denn wo so viele Menschen sind, zieht sich das Wild zurück.

Es gab Kinder jeden Alters, die meisten hatten große, aufgetriebene Bäuche und waren zum Erbarmen mager. Auch Feliz und Daniel waren mager, aber auf andere Art, auf gesunde Art gewissermaßen. Nicht so ausgemergelt. Ihre Arme waren nicht viel dicker als die der Flüchtlingskinder, doch es waren trotzdem runde, kräftige Arme. Als ich mir das im Gehen so betrachtete, merkte ich, wie gern ich die Zwillinge hatte. Sie waren mir fast wie kleine Brüder. Ich führte sie die ganze Zeit. Wir gingen im Staub der Piste und zwängten uns zwischen den Flüchtlingen durch. Die Sonne brannte. Hie und da sahen wir Gruppen, die es aufgegeben hatten; sie saßen oder lagen erschöpft am Wegrand. Einmal hörten wir eine Frau schreien. Pat bat uns weiterzugehen, er selbst kniete bei der Frau nieder, die am Wegrand lag und sich krümmte. Doch er kam uns bald nach.

„Was war denn mit ihr?" fragte ich.

Pat gab keine Antwort. Wir gingen weiter. Die Zwillinge stolperten vor Müdigkeit, klagten aber nicht.

„Sie können nicht mehr", sagte ich.

Da bat mich Pat, die Blechdose und die eine Machete zu tragen. Sie war jetzt an einem Faserstrick befestigt, und ich konnte sie über die Schulter hängen. Nun nahm Pat den einen Zwilling auf den Rücken, und Vicente den anderen. Dazu trug Vicente das schußbereite Gewehr. Ich hatte den Strick der Hunde an eine Öse meiner Shorts gebunden. Übrigens waren die Terrier so müde, daß sie sich ebenso dahinschleppten wie wir.

„Wir müssen etwas zu essen finden", murmelte Pat. „Biegen wir in den Wald ein."

„Nicht jetzt. Gehen wir lieber weiter", widersprach Vicente. „Wenn sie sehen, daß wir in den Wald gehen, folgen sie uns. Wir müssen damit warten, bis es dunkel wir. Dann können wir mit der Machete ein Stück eindringen."

Lange, bevor die Sonne sank, machten wir am Waldrand ein Feuer an. Sofort hielten auch die Flüchtlinge um uns an und das Betteln begann von neuem. Doch Vicente fuchtelte mit den Gewehr herum und rief drohend, sie sollten weitergehen.

„Werden wir heute nacht hier schlafen?" fragte ich, und meine Stimme klang so schwach, daß ich meine Worte beinahe selbst nicht verstand.

„Nein, nein", beruhigte mich Pat. „Wir tun nur so, als schlügen wir hier unser Lager auf. Sowie es dunkel wird, hauen wir uns ein Stück in den Wald hinein und suchen dort eine Schlafstelle. Dann kann Vicente sofort, wenn es hell wird, auf die Jagd gehen."

In diesem Augenblick kamen vier kräftige, baumlange Neger auf uns zu. Der eine trug unter dem Arm ein einläufiges Schrotgewehr. Die anderen waren mit langen Speeren aus Armbandeisen bewaffnet, die an der Spitze zu einem Widerhaken geschmiedet waren. Das ist eine gefährliche Wurfwaffe. Als Pat die Neger sah, richtete er sofort das Gewehr auf sie.

„Stehenbleiben!" rief er.

Der Mann mit dem Gewehr lächelte.

„Wir nix Böses wollen, Massa", sagte er auf Pidgin-Englisch. „Wir nicht wollen gar nix."

Er reichte Vicente das Gewehr, und dieser untersuchte es. Es war leer. Pat deutete mit seinem Gewehr den Negern an, sie sollten die Wurfspieße niederlegen. Sie ließen sie zu Boden fallen und lächelten.

Ihr Gewehr, das Vicente noch immer in der Hand hielt, war in einem elendigen Zustand. Der Kolben mit Draht am Lauf befestigt. Als Vicente es öffnete, dachten wir, es würde auseinanderfallen.

Vicente sagte etwas in einer Sprache, die ich nicht verstand. Die Männer antworteten alle vier durcheinander.

„Was sagen sie?" fragte Pat.

„Sie wollen Patronen haben. Sie kommen von Norden, aus dem Hochland. Das sind meist anständige Leute."

Er unterhielt sich noch ein bißchen mit ihnen. Aus dem Gesichtsausdruck der Eingeborenen erriet ich, daß er es ablehnte, ihnen Patronen zu geben.

„Vielleicht könnten wir ein paar Schuß entbehren", meinte Pat.

Vicente zuckte die Achseln. Doch dann dolmetschte er uns, die Neger verpflichteten sich, wenn sie selbst nur eine einzige Patrone bekämen, würden sie Fleisch für uns alle verschaffen. Und Wasser auch.

Nun wurde wieder Pat bedenklich.

„Kann man sich auf sie verlassen?" fragte er zweifelnd.

„Ich glaube schon", meinte Vicente. „Wir geben ihnen eine Patrone. Bis zum Dunkelwerden ist es nur mehr eine Stunde, und wenn in diesem kurzen Zeitraum überhaupt jemand Fleisch beschaffen kann, dann sind es diese vier."

„Ich riskier's und gebe ihnen zwei", sagte Pat entschlossen.

Als er den Negern zwei Patronen gegeben hatte, blieben uns nur noch acht. Waren diese acht verbraucht, dann befanden wir uns in der gleichen Lage wie die übrigen Flüchtlinge. Die vier großen Neger lächelten und dankten. Dann drangen sie ins Dickicht ein, ganz ohne die Machete zu verwenden. Sie hatten eine solche, eine alte, kurze, doch sie bedienten sich ihrer nicht.

Als wir da am Wegrand saßen und warteten, kam der jämmerlichste Schub Flüchtlinge, den wir bisher getroffen hatten. Die meisten anderen hatten noch Kleider oder wenigstens Lumpen am Körper gehabt, diese Menschen aber waren splitternackt und abgemagert bis zum Skelett. Die Gruppe bestand aus Männern, Frauen und vielen Kindern. Eine Frau trug einen völlig ausgemergelten Säugling an der Brust.

Als sie unser Feuer sahen, hielten sie an. Sie näherten sich soweit, als Pat und Vicente es zuließen. Sie setzten sich im Kreis um uns und starrten uns schweigend an. Ihr Anblick war ausgesprochen unheimlich, und fast noch unheimlicher war, daß sie nicht bettelten. Sie saßen nur so da, und es schien, als würden sie nie wieder aufstehen.

„Verjagen können wir sie nicht", murmelte Pat bedrückt. „Was tun wir nur?"

Vicente nahm das Gewehr unter den Arm und machte ein paar Schritte auf sie zu.

„Geht", befahl er streng. „Verschwindet! Wir haben selbst nichts zu essen."

Sie rührten sich nicht. Vicente ging zu einem Mann, der ein bißchen besser aussah als die anderen. Er stieß ihn mit dem Gewehrkolben an und wiederholte den Befehl. Da standen die Leute mühsam und wortlos auf und zogen sich ein Stück zurück, nicht mehr als vielleicht fünfzig Meter. Dort setzten sie sich wieder im Staub der Piste nieder. Die Kinder ließen sich zu Boden fallen, wie müde Hunde es tun. Der Säugling weinte nicht.

Die guten Jäger

An diesem Abend konnte ich nicht zwei Schritte gehen, ohne daß sich die Zwillinge an mich klammerten.

„Nun beruhigt euch schon, wir geben euch bestimmt nicht fort", redete ich ihnen zu. „Wie kommt ihr nur auf solchen Unsinn?"

Die Hunde hatten wir so an einen Busch gebunden, daß sie von der Piste aus nicht sichtbar waren. Vicente stand aufrecht Wache, das Schrotgewehr im Arm. Pat las in einem seiner Gebetbücher. Unsere Kleider waren rot vom Staub. Mein Haar mußte fürchterlich aussehen.

Pat hatte jetzt einen langen Bart. Er sah schrecklich aus damit und mit den rot geränderten Augen. Vicente hatte sich am wenigsten verändert.

Langsam wurde der Himmel blutigrot. Es war die Stunde der Fledermäuse. Sie kamen aus dem Wald und kreisten über der Piste auf der Jagd nach Insekten. Mehrere Gruppen Flüchtlinge schleppten sich vorbei. Wir hatten noch keinen Schuß gehört.

Wir saßen ums Feuer und dachten, im Wald sei es nun zu dunkel, um noch auf Jagd zu gehen. Da fiel ein Schuß und gleich darauf noch einer.

„Wie finden die sich denn in der Finsternis zurecht?" fragte Pat.

„Sie machen sich Fackeln", erklärte Vicente. „Sie sind es gewöhnt, bei Dunkelheit auf Jagd zu gehen. Sie leuchten mit Fackeln und suchen schlafende Tiere."

Wir warfen mehr Holz aufs Feuer und es flammte hoch auf. Mein Mund war so trocken, daß ich nicht schlucken konnte. Neben mir lagen die Zwillinge und regten sich nicht.

Wir mußten lange warten. Endlich kamen die Männer aus dem Wald. Wir sprangen auf, um sie in Empfang zu nehmen. Sie lächelten, und Augen und Zähne leuchteten weiß. Und sie hatten allen Grund zum Lächeln. Denn der eine trug über der Schulter eine große Antilope; ja, ich übertreibe nicht, eine Antilope, groß wie ein Kalb. Er warf sie beim Feuer nieder und lachte breit. Ein anderer trug einen großen Weißnasenaffen. Mit dem Wurfspeer hatte er in den langen Schwanz einen Schlitz gemacht, den Kopf hindurchgezogen, und daran trug er das Tier wie an einem Henkel. Die langen Arme und Beine des Tieres schleiften auf dem Boden nach.

Mit einer unserer Macheten häuteten sie die Antilope ab, schnitten Fleischstücke zurecht und fädelten sie auf Hölzer, die wir übers Feuer hielten. Pat hieb die Füße ab und gab sie den Hunden. Darüber lachten die Neger.

Doch am besten war das Wasser. Sie hatten im Wald einen Fellschlauch mit Wasser gefüllt.

Als ich das warme, saftige Fleisch gegessen hatte, fühlte ich mich unglaublich gestärkt. Mir war, als wären die ärgsten Schwierigkeiten nun vorüber. Kein Zweifel, wir würden das Meer erreichen und die Eltern und Mikael finden.

Da riß es mich herum. Alle Freude, alles Glück, das ich einen Augenblick lang gefühlt hatte, schwand jäh. Denn am Rand des Lichtkreises, den das Feuer verbreitete, standen die hungrigen Kinder. Sie standen dort, unbeweglich und aufrecht wie schmale, schwarze Pflöcke, manche kürzer, manche länger. Wenn das Feuer aufflammte, sah ich das Flehen in den schwarzen Augen.

„Schau!" rief ich und packte Pat, der neben mir saß, am Arm.

Er hörte auf, mit den Zähnen an dem großen, halbrohen Fleischstück herumzureißen, das er in Händen hielt. Dann stand er auf, nahm Fleisch, teilte es mit der Machete und ging zu den Kindern. Sie stürzten sich darüber, so wie sich Bob und Arty über die Antilopenfüße gestürzt hatten.

Auch die Jäger hörten zu essen auf und saßen regungslos da, Fleischstücke in den Händen. Pat fuhr fort auszuteilen. Noch mehr Kinder kamen heran. Schließlich auch die Erwachsenen. Alle bekamen etwas. Bald war von dem gebratenen Fleisch nichts mehr da.

Doch die Antilope war wie gesagt groß. Für uns reichte es noch auf mehrere Mahlzeiten. Wir sagten zu den Flüchtlingen, sie sollten gehen, heute gäbe es nichts mehr. Dann kümmerten wir uns nicht weiter um sie, doch die Männer mit den Speeren hielten die ganze Nacht Wache.

Während die Zwillinge und ich schliefen, zerschnitten die Jäger, Pat und Vicente das restliche Fleisch in Streifen und dörrten und räucherten es über dem nur mehr glosenden Feuer. Die halbe Nacht hatten sie damit zugebracht, erzählte später Vicente.

„Was haben sie mit dem Affen gemacht?" fragte ich.

„Den haben sie verkauft", berichtete Vicente. „Sie haben ihn in kleine Stücke zerteilt und an die abgegeben, die etwas dafür geben konnten. Die meisten Flüchtlinge haben die Tachen voll Geld, selbst wenn es nur mehr Lumpen sind, die sie am Leib tragen."

„Das ist ja gut", meinte ich befriedigt. „Da bekamen die netten und ehrlichen Jäger doch etwas für ihre Leistung. Und die Flüchtlinge konnten essen. Selbst wenn es nur Affenfleisch war."

Pat erwirbt einen halben Affen

Der nächste Tag fand uns in ganz anderer Stimmung, als wir auf dem Fluß und im Wald gewesen waren. Wir hatten wieder Mut und Zuversicht gefunden. Schon, daß wir einer Straße folgten, die von Menschen gemacht worden war. Einmal mußte sie ja in die Zivilisation führen. Diese Hoffnung gab uns Kräfte, weiterzugehen. Denn an sich war die Piste, trocken und staubig unter der sengenden Sonne, schlimmer als der Wald. Manchmal meinten wir, die Sonne wollte uns töten. Und das unbeschreibliche Elend vor uns, hinter uns, neben uns. Wohin man schaute, diese erbarmenswürdigen Jammergestalten, die Kranken, die Halbverhungerten, Erschöpften, die Heimatlosen, die nicht wußten, wohin, die nur wußten, daß sie fliehen mußten. Überall ausgestreckte, bettelnde Hände. Was sollten wir tun ... wir mußten uns hart machen, wir konnten nicht antworten.

Neben dem Weg lag ein totes Kind. Die Flüchtlinge gingen daran vorbei. Teilnahmslos. Bald wurde so etwas auch uns ein gewohnter Anblick. Männer und Frauen, Greise, lagen da, wie sie zusammengefallen waren. Kinder dort, wo die Erwachsenen sie hingelegt hatten. Unsere Zwillinge vergruben das Gesicht in Pats Shorts. Sie ertrugen den Anblick nicht.

Wären Pat, Vicente, die Zwillinge und ich allein inmitten dieser armen Teufel gegangen, dann hätten wir jedes Fetzchen des Fleisches hergeschenkt, das Vicente über der Schulter trug, verpackt in das einzige, das wir für solche Zwecke hatten: Pats Soutane.

Doch wir gingen nicht allein. Die vier Jäger gingen mit uns und umgaben uns wie eine Leibwache. Vielleicht war das notwendig, denn wir trugen ja Wasser und Fleisch.

Wir gingen dicht beeinander. Manchmal war die Piste verstopft von Menschen, die keinen Sinn mehr darin sahen, weiterzugehen. Wenn wir uns näherten, rückten sie ein wenig zur Seite. Wenn die vier speerbewaffneten Jäger sie anschrien, wichen sie weit fort, machten den Weg frei.

Nun trug Pat den kleinen Daniel. Ich führte Feliz, denn Vicente hatte ja das Fleisch aufgepackt. Ich stolperte auch schon vor Müdigkeit. Da schlug der eine Jäger vor, zu rasten, solange die Sonne hoch stand, und erst in der Abendkühle weiterzugehen.

Wir verließen die Piste. Die Männer schlugen eine kleine Lichtung aus und warfen die abgeschlagenen Zweige auf einen Haufen, der uns vor der Piste und dem Flüchtlingsstrom abschirmte.

Dort legten wir uns nieder. Ein großer Baum gab uns Schatten.

Die vier Jäger sprachen eifrig auf Vicente ein. Er war der einzige, der sich mit ihnen verständigen konnte.

„Was wollen sie?" fragte Pat.

„Patronen."

„Wir haben ja Fleisch genug, aber . . ."

„Padre, du denkst an die draußen auf dem Weg", sagte Vicente leise.

Pat nickte.

„Gerade ihretwegen ist es unmöglich. Wir würden einen Elefanten brauchen, Padre. Nicht einmal das wäre genug. Wir können nicht einigen etwas geben und die anderen hungern lassen. Das hätte schlimme Folgen für alle. Und wir haben nur mehr acht Patronen."

„Gib ihnen noch zwei", schlug Pat vor. „Wir werden es geschickt einrichten, dann können wir wenigstens einige satt machen."

Widerwillig holte Vicente eine Patrone aus der Schachtel.

„Nur diese", sagte er fest. „Damit müssen sie auskommen. Sie sind nicht wie du, Padre. Sie wollen das Fleisch nicht verschenken, sondern verkaufen. Sie sind Berufsjäger und wollen Geld."

Vicente gab den Jägern die Patrone. Sie machten ein mißvergnügtes Gesicht. Gleich darauf verschwanden zwei von ihnen in den Wald. Wir begriffen nicht, wie sie es fertigbrachten, sich durch den dichten Bodenwuchs voll Dornen und Messergras zu zwängen.

Die Jäger blieben lange aus. Mehr als eine Stunde verging, ehe wir den Schuß hörten.

Endlich kamen sie mit einem großen Affen, einem Drill. Das ist ein Verwandter des Mandrill, ungefähr so groß wie ein großer Hund.

„Ich dachte es mir", murmelte Pat. „Sie haben einen Affen geschossen, um nicht mit uns teilen zu müssen. Aber da haben sie sich geirrt. Ich beanspruche den halben Affen, und der wird nicht verkauft."

„Padre, du willst ihn braten und den Kindern geben", sagte Vicente und lachte.

„Ja. Und ich freue mich darauf, dies den Jägern zu sagen", erwiderte Pat.

Der tote Affe wurde abgehäutet und zerlegt. Die Jäger händigten Pat seine Hälfte aus, er steckte sie sofort auf Bratspieße und hielt sie übers Feuer.

Später am Tag, als wir wieder marschierten, besaßen wir etwas, das wir den ärmsten der Flüchtlinge geben konnten. Jenen, die am Zusammenfallen waren, weil sie so lange nichts gegessen hatten.

Als es Abend wurde, rodeten die Jäger und Vicente eine große Stelle abseits der Piste. Wieder brachten wir das Gerodete so an, daß wir im Schutz einer Art Dornenhecke lagerten. Wir zündeten ein Feuer an. Wir hatten Wasser und Fleisch.

Auch in dieser Nacht sollten die Jäger abwechselnd allein Wache halten, während die anderen schliefen. Vorher aber saßen alle vier noch eine Weile bei Vicente und sprachen auf ihn ein.

„Geht es um weitere Patronen?" fragte Pat.

„Sie sagen, sie könnten größeres Wild besorgen, wenn wir ihnen unser Gewehr borgen", dolmetschte Vicente.

Dann erklärte er Pat, wie die Eingeborenen den Schrot aus der Patrone nehmen, zu einem Klumpen verschmelzen und wieder einfüllen. So ein massiver Bleiklumpen kann einen Büffel töten — oder doch so schwer verwunden, daß man ihm mit Speeren den Garaus machen kann. Nur braucht man zu einer solchen Manipulation ein gutes Gewehr, denn der Rückstoß ist fürchterlich. Die mit Draht zusammengehaltene Büchse der Jäger würde ihn jedenfalls nicht aushalten.

„An einem Büffel ist viel Fleisch", erwog Pat.

„Nein, Padre, wir tun es nicht", erklärte Vicente fest. „Ich habe es ihnen auch schon abgeschlagen. Sie würden mehrere Tage brauchen, um einen Büffel aufzuspüren. Das ist zu unsicher."

Jener Jäger, der ein bißchen Pidgin-Englisch sprach, kam zu Pat.

„Büffel groß Fleisch, Massa", gab er zu bedenken und lächelte, daß seine Zähne blitzten.

Pat bat Vicente, ihm zu übersetzten, daß wir es uns bis zum nächsten Tag überlegen würden.

Am nächsten Tag setzten sie uns wieder des Gewehrs wegen zu. Pat aber machte sich hart. Er hängte die Schrotbüchse über die Schulter und zwängte sich durch die Dornen hinaus auf den Weg. Dort saßen die Eingeborenen dicht gedrängt und hofften, wir würden ihnen zu essen geben. Die Kinder streckten uns die dünnen Ärmchen hin und bettelten. Die Mütter hielten uns die Säuglinge entgegen, ein Anblick, der zum Weinen war. Viele Männer trugen einen verbitterten, drohenden Ausdruck im Gesicht. Ich war froh, daß uns die vier Jäger begleiteten.

Wir schleppten uns dahin, bis die Sonne senkrecht über uns

stand. Dann hielten wir inne und rodeten einen Platz unter einem Schattenbaum. Dort aßen wir den Rest des geräucherten Antilopenfleisches und tranken Wasser dazu. Wieder quälten uns die Jäger um Patronen.

„Wir geben ihnen noch eine", gab Pat nach. „Aber sag ihnen, wenn sie wieder mit einem Affen daherkommen, dann ist Schluß! Alles, nur kein Affe. Wie denkst du darüber, Maryann?"

Ich gab zu, daß ich auf halbrohes Affenfleisch keine Lust verspüre, fuhr jedoch fort, daß ich, falls es gar nichts anderes gäbe . . .

Pat lachte.

„Sie bringen bestimmt eine gute Antilope", tröstete er mich. „Oder einen Tukan. Gib ihnen die Patrone, Vicente."

Die Jäger nahmen sie und verschwanden. Wir lagen im Schatten, ruhten uns aus und warteten auf den Schuß. Endlich fiel er.

„Da haben wir die Antilope", freute sich Pat und baute das Kochfeuer.

Doch als die Jäger aus dem Wald brachen, waren ihre Hände leer. Sie machten ein fassungsloses, enttäuschtes Gesicht und gaben den Versuch auf, uns noch eine Patrone abzubetteln. Sie hatten auf eine Antilope geschossen und nicht getroffen. Das war hart für sie.

Schon lang hatte ich den Überblick verloren, wie viele Tage oder Wochen es her war, seit wir Yongve verlassen hatten. Mir schien, wir seien seit einer Ewigkeit unterwegs. Unsere Kleider hingen in Fetzen, Haut und Haar waren gelb vom Staub. Beine, Schenkel und Arme, die unbedeckt waren, starrten von Schrammen und Wunden. Die Stiefel waren beinhart geworden, die Sohlen papierdünn. Dennoch — um wieviel besser waren wir daran als die Eingeborenen, die bloßfüßig gingen. Die vier Jäger hatten zwar Stiefel, die meisten Flüchtlinge aber nicht. Ihre Füße waren angeschwollen, die hornige Haut an der Seite der Sohlen buchtete sich in großen Beulen aus. Das kam von den Sandflöhen. Diese Sandflöhe sind Afrikas Fluch. Sie sind überall, doch besonders in trockenem Staub. Es sind Milben, die sich in die verdickte Haut bohren, wie sie hier jeder an den Fußsohlen hat. Dort hinein legt die Milbe einen Beutel voll Eier, die sich zu Larven entwickeln, und nun entzündet sich die Haut. Besonders gefährlich ist das vielleicht nicht, aber beim Gehen tut es schrecklich weh. Wir hatten Stiefel, wir waren vor dieser Plage geschützt.

Bob und Arty hatten ein paar Sandflöhe in den Pfoten. Ich stocherte den Eierbeutel mit einem Dorn heraus, und die Hunde leckten die Wunde sauber.

Die beiden Terrier waren jetzt schrecklich mager und mitgenommen. Sie hatten es längst aufgegeben, auf die Flüchtlinge loszugehen. So wie die Flüchtlinge die Hoffnung aufgegeben hatten, die Hunde als Fleisch zu bekommen. Die Straße vor und hinter uns war zwar schwarz von Eingeborenen, dennoch hielt sich dicht bei uns immer dieselbe halbverhungerte Gruppe, ungefähr fünfzig Menschen, die uns mit ihrem ewigen Betteln fast zur Verzweiflung brachten. Sie schienen nicht zu begreifen, daß wir ihnen nicht helfen konnten, sie drängten sich die ganze Zeit um uns, ruhten, wenn wir ruhten, und gingen weiter, wenn wir gingen.

„Viel länger halte ich das nicht aus", stöhnte Pat verzweifelt. „Da ist mir der Wald noch lieber, dort ist es im Vergleich mit hier direkt himmlisch. Und diese Piste sieht nicht so aus, als würde sie eines Tages irgendwo enden. Wohin führt sie? Keiner weiß das."

„Padre", sagte Vicente geduldig. „Wir müssen viele, viele Meilen nach Westen gegangen sein. Es kann nicht mehr weit sein zum Meer. Schau doch, die Seeadler! In den letzten Tagen sind sie viel zahlreicher geworden."

Vicente hatte recht. Wir brauchten nur den Kopf zu heben, um hoch oben Seeadler kreisen zu sehen.

„Das kommt vielleicht nur von einem Fluß", seufzte Pat. „Du weißt doch, wie viele Seeadler wir in Yongve hatten."

„Hier in dieser Gegend gibt es keine so großen Flüsse. Nur einige kleine, und mich wundert, daß wir noch auf keinen gestoßen sind."

Als wir uns einen Lagerplatz suchen wollten, hörten wir von weiter vorn aufgeregte Rufe, und wir merkten, daß die Flüchtlinge dadurch neue Kräfte bekamen. Sie schoben die ausgemergelten Kinder höher auf die Arme, und ihre Schritte wurden schneller.

„Sie rufen, daß sie Wasser gefunden haben", sagte ich aufgeregt.

„Gehen wir auch hin!"

Wir taten es. Und dort war der Fluß. Zwar ein kleiner nur, aber ein tiefer, über den eine Brücke führte. Viele Eingeborene standen schon am Uferrand, tranken und jubelten. Es wurden ihrer immer mehr. Bob und Arty zerrten am Strick, wollten baden und trinken. Auch die Zwillinge und ich verspürten die größte Lust, uns ins Wasser zu werfen, in großen Schlucken zu trinken und herumzuschwimmen, Staub und Schmutz abzuwaschen.

Doch Pat hielt uns zurück und warnte: „Das Wasser ist schon verseucht. Alle diese kranken und ungewaschenen Körper . . . Wenn wir Wasser trinken oder baden wollen, müssen wir ein gutes Stück flußaufwärts gehen."

Wir betraten die Brücke und beobachteten, wie sich die Eingeborenen um Platz in dem Flüßchen drängten. An Krokodile dachte niemand.

Am Nordufer führte ein guter Pfad den Fluß entlang. Wir folgten ihm nach aufwärts. Bald fanden wir große Ausbuchtungen mit klarem, noch nicht verunreinigtem Wasser.

Pat deutete auf eine solche Bucht und sagte: „Hier kannst du dich waschen, Maryann. Wir anderen gehen noch ein Stück flußaufwärts."

Ich dankte ihnen. Kaum war ich allein, warf ich meine Lumpen ab und sprang ins Wasser. Wie ich da umherschwamm, zog ich gewiß hinter mir einen gelben Kometenschweif her, so verstaubt und verdreckt war ich.

Pat hatte den Jägern gesagt, wenn sie weiter mit uns gehen wollten, müßten sie bei der Brücke auf uns warten. Als wir erfrischt vom Bad und mit gestilltem Durst zurückkamen, saßen die Jäger am Fluß des wackeligen Brückengeländers.

„Massa", begann jener, der Pidgin-Englisch konnte. „Ich Fleisch schaffen. Groß Fleisch für Massa."

„Es ist zu dunkel", erwiderte Pat.

Inzwischen war nämlich die Sonne untergegangen, und Himmel, Fluß und Wald färbten sich tiefrot, wie stets, ehe die Dunkelheit einfiel.

Doch der Mann deutete auf die Fackeln, die sie gemacht hatten, während sie auf uns warteten. Dann sagte er etwas zu Vicente.

„Er sagt, sie finden bestimmt Wild, wenn es dunkel ist", dolmetschte dieser. „Sie leuchten mit den Fackeln und rücken den Tieren damit dicht auf den Leib. Wenn es dunkel ist, kann von Affen keine Rede sein. Affen sitzen so hoch in den Bäumen, daß man sie nicht sieht. Also denke ich, wir können ihnen heute abend eine Patrone geben."

„Na schön", stimmte Pat zu.

Die Jäger nahmen die Patrone und verschwanden auf dem Pfad am Flußufer. Wir folgten ihnen ein Stück, dann schlugen wir dort, wo ich gebadet hatte, das Lager auf. Das Feuer brannte schnell an und erleuchtete das ausgebuchtete Ufer und die Bäume auf der anderen Seite.

Ich erwachte vor Hunger. Es begann eben zu tagen. Das Feuer war zu einem Häufchen Glut niedergebrannt. Auf seiner einen Seite lag eingeringelt Vicente, auf der anderen Pat auf seiner Blättermatratze. Am Fluß entlang saßen in Erdlöchern große, rote Krabben.

Gleich nach mir erwachte Pat, sah die Krabben und rief sofort: „Die schmecken gut!"

Ich griff nach einem Zweig und kaute daran, um den nagenden

Hunger zu betäuben. Mir war hundselendig und speiübel zumute. Die Zwillinge schliefen unter der Soutane, die längst nicht mehr schwarz, sondern gelb und grün war von Staub und Schimmel, mit Blut verschmiert von dem Fleisch, das wir darin transportiert hatten, und an vielen Stellen grau von Asche und Erdreich. Zerrissen war sie natürlich auch.

Als Vicente erwachte, fing er sofort zwei Krabben, ehe es ihnen gelang, in ihren Löchern zu verschwinden. Wir brieten sie über der Glut und leckten ihren Panzer bis zum letzten Bissen rein. Gleich darauf kamen die Jäger. Mit leeren Händen. Sie waren die ganze Nacht herumgestreift und hatten kein Wild zu Gesicht bekommen. Jetzt gingen sie gleichfalls auf Krabbenjagd.

„Heute nacht habe ich wach gelegen und habe nachgedacht", sagte Vicente. „Vielleicht ist dies einer der kleinen Flüsse, wovon Ocombe erzählt hat."

„Das habe ich mir auch schon überlegt", stimmte Pat zu. „Wir sind genau in der Gegend, die Ocombe durchquert haben muß. Er hat auch erwähnt, daß an den Flußufern Pfade entlangführten. Ich erinnere mich auch, daß er sagte, es wäre ihm viel wegloses Territorium erspart geblieben, wenn sie ihn ein paar Meilen weiter nördlich an Land gesetzt hätten. Falls dies der letzte Fluß ist, den er überquert hat, dann mündet er nur ein paar Meilen südlich von Punto Campo. Wenn wir dem Fluß folgen, müssen wir sicher das Meer erreichen. Es fragt sich nur, wie lange das dauert."

Der Jäger wollte uns die ungebrauchte Patrone zurückgeben. Pat klopfte dem Mann auf die Schulter und sagte, er könne sie behalten.

„Jetzt war ich sehr großzügig", meinte Pat ein bißchen unsicher. „Nun haben wir nur noch fünf. Wenn die verbraucht sind, dann . . . tja, dann gibt's eben zu jeder Mahlzeit Krabben."

Einmütig beschlossen wir, die Piste zu verlassen und den Pfad einzuschlagen, der am Flußufer abwärts führte. Die Jäger waren enttäuscht. Für sie hatte es ja keinen Sinn, zum Meer zu gehen. Dort war niemand, der ihnen Fleisch abkaufte. Auf der Piste aber wimmelte es buchstäblich von Kunden. Kunden, die das Geld nicht umdrehten. Für ein Affenbein zahlten sie gern mit ihrer ganzen Habe. Viele Flüchtlinge waren Stadtneger, die all ihr Geld mitgenommen hatten, als sie flohen, um ihr Leben zu retten.

Endlich! Dem Meer entgegen . . .

Wir nahmen also Abschied von den vier Jägern. Dann wandten wir uns wieder dem Wald zu. Doch dies war kein unwegsamer Wald, dem Fluß entlang schlängelte sich ein und aus zwischen den großen Bäumen der Pfad. Manchmal führte er dicht am Wasser entlang, dann wieder bog er hinein in die Wildnis, um schließlich zum Fluß zurückzuführen. Über uns in den Baumwipfeln flüchteten die Affen, krächzten die Papageien mit gesträubten Federn, und ab und zu rauschte mächtiger Flügelschlag auf — ein Tukan.

Wenn der Pfad dem Wasser folgte, sahen wir auf den Zweigen, die tief übers Wasser hingen, blaue Eisvögel sitzen. Erschrockene Iguane warfen sich mit lautem Aufklatschen ins Wasser. An vielen Stellen hatte das Hochwasser große Bäume entwurzelt, sie lagen wie Brücken über dem Fluß. Dann konnten die Sonnenstrahlen bis aufs Wasser herunterfallen, und es funkelte und blitzte.

Wir waren guter Stimmung. Pat ging voran, das Schrotgewehr schußbereit, falls sich ein Tukan günstig zeigte. Hinter ihm ging Daniel, dann Feliz. Dann ich mit den Hunden, und schließlich Vicente mit beiden Macheten.

Wir priesen uns glücklich, dem Flüchtlingsstrom entronnen zu sein. Hier im Wald würden wir es schon schaffen, wenn nur der Pfad nicht aufhörte. Stunde um Stunde folgten wir ihm, ruhten nur einmal kurz aus, als wir eine Stelle erreichten, wo unter einem Baumriesen der Boden voll lag von gelben, pflaumenartigen Früchten.

Spät am Nachmittag bekamen wir unseren Tukan. Er hatte sich dicht vor uns auf einem Ast niedergelassen. Pat schoß, und der Vogel klatschte dumpf auf dem Pfad auf.

Wir ließen uns am Ufer nieder, Pat und ich machten Feuer, während Vicente den Vogel zurichtete. Die Zwillinge badeten im Fluß. Ich hätte auch Lust auf ein Bad gehabt, fand dann aber doch, ich sei zu hungrig.

Als wir am nächsten Morgen erwachten, war der Himmel bedeckt. Eilig aßen wir die Reste des Tukans, gaben den Hunden die Knochen und nahmen Schrotgewehr, Patronen, Bündel, Macheten und Blechdose und machten uns auf den Weg.

Nicht lang, und es fing zu regnen an. Zuerst nur einzelne, schwere Tropfen, dann prasselte ein richtiger Guß herab. Bis auf die Haut durchnäßt, die Stiefel voll Wasser, mühten wir uns weiter. Keiner sprach. Kein Vogel war zu sehen. Wir hatten noch vier Patronen.

Am Nachmittag verzogen sich die Wolken. Vicente bekam das Gewehr und ging allein voraus, um vielleicht doch etwas zu schießen. Wir anderen setzten uns auf den Stamm eines großen, umgestürzten Baumes. Wir machten kein Feuer an. Es war, als ahnten wir, daß wir die Nacht nicht hier verbringen würden. Unsere Ahnung — wenn es eine war — bestätigte sich: Vicente kam angelaufen. Er fuchtelte mit dem Gewehr herum.

„Ich rieche das Meer!" schrie er. „Kommt! Kommt!"

Wir sprangen auf, ergriffen unsere Sachen und folgten ihm. Bald spürten auch wir den scharfen Geruch von Salz und Tang. Wir liefen beinahe. Zwei Tukane setzten sich dicht vor uns auf einen Baum, doch wir liefen weiter, ohne sie zu beachten. Die Stunde der Fledermäuse brach an, der Wald und das Stückchen Himmel, das man sah, waren blutrot. Das Licht war rot, das Laub der Bäume war rot, alles war rot. Die Glühwürmchen entzündeten ihre Laternen und umtanzten uns. Pat holte die Taschenlampe hervor und wir gingen in ihrem Lichtkegel weiter. Die seltsamen, dunklen Umrisse des Waldes schreckten mich nicht mehr, ich war den Zauberwald jetzt gewohnt.

Und dann hörten wir etwas Herrliches: Das Brausen der Brandung.

Wir betraten den weißen Strand und sahen die noch weißere Brandung hereintosen und zu unseren Füßen in Schaum verrinnen. Bei jedem unserer Schritte flüchteten gelbe, beinahe durchsichtige Krabben nach allen Seiten. Im Sand lagen Kokosnüsse, die das Meer angespült hatte.

Und hinter uns, von uns unbeachtet, als wir auf das Meer zugelaufen waren, wuchs die lange Reihe der Kokospalmen.

Wir gingen bis dorthin zurück und setzten uns in den Sand. Pat leuchtete in den Wipfel einer kleineren Palme, und Vicente kletterte hinauf und pflückte unreife Nüsse ab. Die unreifen enthalten nämlich die beste Milch. Das, was später zum Kern wird, ist noch weich wie Käse. Davon konnten wir nie genug bekommen.

Der Mond ging auf. Das Meer wurde bis zum Horizont sichtbar. Kein Schiff weit und breit.

Da schlug Pat vor:

„Ruhen wir uns hier eine Stunde aus und gehen wir dann am Strand entlang. Bei diesem hellen Mondschein sieht man wunderbar. Bis Punto Campo kann es nicht weit sein."

Die Männer fragten mich, ob ich es schaffen würde. Ich erwiderte, mit den Zwillingen sei es ärger. Sie schliefen schon, die Hunde dicht neben sich. Wir breiteten die Soutane nicht über die Kinder, denn sie war naß vom Regen.

Nun streckten wir uns alle auf dem Sand aus und versuchten zu schlafen, doch es gelang uns nicht. Nach einer Weile stand ich auf und erklärte, meinetwegen könnten wir weitergehen.

Ich dachte an Vater und Mutter und Mikael, die auf dem Schoner waren. Vielleicht, wenn wir zur Bucht kamen, lag der Schoner dort vor Anker. Vielleicht waren auch John und die anderen dort. Nein, es war unmöglich, hier ruhig liegenzubleiben.

Da hoben Pat und Vicente die schlafenden Jungen auf, setzten sie sich auf die Schultern, und wir gingen weiter. Gingen nach Norden, dem Strand entlang, in dem hellen Mondlicht.

Den Strand entlang

Viele, viele Male war Vicente, und war auch ich über diesen weißen Strand gegangen und mit dem Rad gefahren. Trotzdem waren wir beide nicht imstande, zu sagen, wo genau wir waren. Denn der Strand in seiner endlosen Eintönigkeit bietet nicht die geringsten Anhaltspunkte. Jeder Kilometer gleicht dem vorherigen. Immer die Reihe der Kokospalmen, immer dahinter der schwarze Urwald, immer der weiße, brausende Schaum, wo sich die Brandung am Strand zerschlägt und zum Gischt verläuft. Und immer, und am einförmigsten von allem, das Meer.
Wir nahmen an, zwischen uns und Punto Campo gäbe es keine Flüßchen mehr. Also wären es bis nach Hause höchstens zwanzig Kilometer.
Bis nach Hause? Ich hatte solche Angst, es gäbe dies Zuhause nicht mehr. Daß die Gebäude geplündert und niedergebrannt worden waren, wußte ich. Doch die Stelle zwischen Fluß und Meer, unsere Landzunge, die hatten sie doch nicht zerstören können. Die gehörte immer noch uns. Und vor dem Riff mußte der Schoner liegen. An Bord Mutter und Vater, John und Mikael, Fatima, Ocombe und Toto.
Wo wir gingen, war es hell wie am lichten Tag. Der Mond stieg immer höher, bis er uns über dem Kopf stand.
Plötzlich packte mich Vicente am Arm.
„Kennst du den?" keuchte er und deutete auf einen meterdicken Baumstamm, der im Sand lag. Den hatte das Meer vor langer Zeit angeschwemmt. Ich kannte ihn gut. Wie oft war ich auf ihm gesessen! Endlich ließ sich sagen, wo wir waren. Dieser Baumstamm lag nur ein paar hundert Meter südlich des Weges, der zum Flugplatz hinaufführte. Ein Stück vor uns sahen wir, wie sich die Linie des Strandes gegen die Flußmündung zu einbuchtete.
Ich begann zu zittern. Ich wußte nicht, wie mir war. Ich hatte

142

das Gefühl, ohnmächtig zu werden. Vicente mußte mich stützen. „Wir sind da!" stammelte ich.

„Ja, wir sind da", murmelte Vicente und zerquetschte mir fast die Hand.

Pat hatte nicht bemerkt, daß Vicente und ich stehengeblieben waren. Er schleppte sich weiter, den schlafenden Jungen auf dem Rücken. Nun drehte er sich um.

„Was habt ihr denn?" fragte er. „Bist du müde, Maryann?"

„Wir sind da", rief ich ihm zu. „Schau nur, dort die Strandbiegung! Wir sind . . ."

Ich hatte rufen wollen: Wir sind zu Hause, doch ich wagte das Wort nicht auszusprechen. Ich wollte es sagen, doch ich sagte es nicht.

Jetzt wären wir gern so schnell gelaufen, wie wir konnten, doch Vicente hielt uns zurück:

„Besser, nicht einfach drauflos rennen. Wir wissen nicht, was — oder wen — wir dort finden. Biegen wir in den Weg zum Flugplatz ein und gehen wir vorsichtig."

Wir standen ein paar Atemzüge lang unschlüssig da. Wie immer brauste die Brandung ihren eintönigen Gesang. Doch auf einmal war ein anderer Laut da, ein grelles Heulen, das aus dem Wald, aus der Richtung, die wir einschlagen wollten, drang. Es waren schreckliche, fauchende, hohle Heullaute, die die Luft zum Zittern brachten.

„Hyänen", stellte Vicente fest. „Kommt, gehen wir hin."

Bob und Arty knurrten, und ihr Fell sträubte sich. Am Strand waren sie die ganze Zeit vorausgelaufen, jetzt hätten sie sich am liebsten zwischen unseren Beinen verkrochen. Vicente stolperte über sie.

„Ihr Esel", rief er ihnen zu. „Die Hyänen tun euch doch nichts. Vorwärts!"

Das schauerliche Heulen hielt eine Weile an, dann brach es wie mit einem Schlag ab. Tatsächlich, es war wie abgeschnitten. Wir gingen jetzt unter den großen Bäumen, aber hier bildete der Wald nur einen schmalen Streifen. Denn weiter drin, bis zum Flugplatz hin, hatte man alle Bäume geschlagen, um den Flugzeugen eine Landeschleuse zu schaffen.

Auf dem gerodeten Stück fanden wir das Vorwärtskommen sehr mühsam, doch endlich standen wir am Rand der zwei Kilometer langen, schmalen, mit Gras bewachsenen Landepiste. Im Mondlicht sahen wir sie deutlich wie am hellichten Tag. Mitten auf der Rollbahn stand ein Flugzeug.

Wir blieben stehen. Ich packte die Hunde an der Nackenhaut, um zu verhindern, daß sie sich losrissen und hinstürzten. Sie hatten aber solche Angst, daß sie sich an mich drängten und bloß knurrten.

„Das Gras ist schon lang nicht mehr gemäht worden", flüsterte Pat.

Tatsächlich. Erst jetzt sahen wir, daß das Gras, das sonst immer sehr kurz gehalten wurde, gut einen halben Meter hoch stand. Während wir darüber sprachen, bemerkten wir eine Reihe schwarzer Schatten, Tiere, die in langen Sprüngen durchs Gras huschten. Sie flüchteten auf den Wald zu. Es waren sehr viele Tiere.

„Hyänen", sagte Vicente laut. „Kommt, gehen wir weiter. Wo Hyänen sind, gibt es keine Menschen. Die Maschine muß verlassen sein. Oder man hat keine Wachen aufgestellt. Wir gehen."

Wir wateten hinein in das hohe Gras. Erst jetzt merkten wir, daß es nicht nur Gras war, sondern daß darin schon kleine Bäumchen emporwuchsen. Die Lianen, die noch nichts hatten, an dem sie hätten emporklettern können, wanden sich wie Schlangen auf dem Boden. Der Urwald war im Begriff, das schmale Fleckchen Erde zurückzuerobern, das die Menschen ihm geraubt hatten. Wir stolperten über die kriechenden Lianen.

Nun sahen wir die Maschine deutlicher. Sie war groß, größer als die großen Flugzeuge, mit denen der deutsche Kommandant und seine Soldaten gekommen waren. Wir gingen näher. Wir gingen dorthin, wo das, was wir Garnisondorf genannt hatten, gelegen hatte. Wir wußten, daß es zerstört worden war, Ocombe hatte uns ja von den Ruinen erzählt. Also fanden wir nur, was wir ohnehin erwarteten: die vierzig Soldatenhütten in Schutt und Asche. Drüben standen noch die Mauern des Kommandantenhauses. Auch hier wuchs hohes Gras.

Unser Weg führte dicht an den Ruinen des Kommandantenhauses vorbei. Der Mond stand so, daß die Mauerreste scharfe,
schwarze Schatten warfen. Die Mauern reichten noch bis dorthin, wo die Dachbalken aufgelegen waren. Und auf der schwarzen Kante, scharf abgehoben gegen den blaugrünen Nacht-
himmel, saßen dicht nebeneinander schwarze Gestalten. Sie
glichen Zwergen — zwergenhaften alten Weibern, die dort
hockten und sich über ihr böses Tun freuten.
„Was ist das?" flüsterte ich Pat beklommen zu.
„Geier", erwiderte er.
„Geier? Wir hatten hier doch nie Geier!"
„Jetzt haben wir sie eben", sagte er kurz und ging an mir vorbei.
Dann erreichten wir das, was einmal mein Zuhause gewesen
war.
Zuerst sah ich alles ganz deutlich, denn die Nacht war hell und
klar. Doch plötzlich verwischte sich das Bild. Es zitterte, es
begann zu tanzen und wurde unscharf. Denn jetzt sah ich es
durch einen Schleier von Tränen.

Die Ruinen von Punto Campo

Niemand war da. Niemand. Nichts. Nur die Erinnerungen an
das, was gewesen war. Der Sand am Flußufer leuchtete im
Mondlicht. Die Mauern dessen, was einst unser Heim gewesen
war, warfen lange, schwarze Schatten. Denn der Mond stand
jetzt tief. Die Hunde liefen herum und winselten. Suchten sie
etwas? Der Schornstein der Bäckerei stand noch, er ragte wie ein
schwarzer Turm über die Ruinen.
Die Zwillinge faßten nach meinen Händen. Wir standen vor

dem, was von der Betonterrasse übrig war. Sie war fast ganz von Kriechgewächsen überwuchert.

Die Zwillinge waren schlafend hieher gelangt. Nun dachten sie wohl, sie schliefen noch und träumten. Sie rieben sich die Augen und schauten verständnislos um sich.

„Wir sind ... sind ... jetzt hier", sagte ich zu ihnen.

„Wo? Zu Hause?" fragten sie.

Ich nickte und drückte die kleinen Hände. Da machten sie sich los und fingen an zu weinen. Zuerst verzogen sie langsam das Gesicht. Dann öffnete sich der Mund zu einer großen Grimasse, dann lösten sich ein paar Tränen, und endlich kam der große Ausbruch. Sie legten einander die Arme um den Hals, betteten einer dem anderen den Kopf auf die Schultern und klammerten sich aneinander, als bestünde Gefahr, sie würden auseinandergerissen.

„Laß los!" schluchzten beide und klammerten sich noch fester aneinander. „Laß los!"

Daniel gab Feliz einen Tritt aufs Schienbein. Feliz trat Daniel mit dem anderen Bein. Sie prügelten, kratzten und bissen einander. Kummer macht sich auf alle möglichen Arten Luft.

„Ihr seid wohl verrückt", schalt Pat und trennte die beiden. „Jetzt, wo wir endlich da sind, prügelt ihr euch!"

„Sie haben die Mammy umgebracht", schluchzte Feliz.

„Unsere liebe, dicke Mammy", heulte Daniel.

„Blödsinn", beruhigte Pat die beiden. „Eure Mammy ist auf dem Schoner."

„Sie haben sie umgebracht", heulten die beiden im Chor.

Vicente lief herzu. Er gab erst Daniel eine Ohrfeige, daß er ins Gras kugelte. Dann faßte Feliz auch eine aus.

„Schluß jetzt", fuhr er sie an. „Führt euch nicht auf wie die kleinen Kinder."

Aber sie waren ja kleine Kinder ... Immerhin, sie hörten zu heulen auf und setzten sich Seite an Seite auf den Beton. Bob und Arty gesellten sich zu ihnen und wedelten mit dem gestutzten Schwanz. Das taten die Hunde immer, wenn die Jungen gestraft wurden. Es war ihre Art, zu trösten.

Ich hätte selbst Trost gebraucht. Niemand von uns wußte, was wir tun sollten. Wir saßen im Licht des untergehenden Mondes da und warteten auf den Anbruch des Tages.

Schließlich übermannte uns die Müdigkeit. Wir schliefen auf dem Beton ein. Früher hätte ich nie gedacht, daß man auf Betonplatten so gut schlafen kann.

Der Tag brach an, er war trüb und grau. Vom Meer trieben schwere Wolken herein. Es würde regnen.

Vicente und Pat bereiteten eine Mahlzeit aus reifen und unreifen Kokosnüssen. Wir wurden alle satt.

Ich stand auf und ging um die Ruinen unseres Hauses herum. Das Feuer hatte alle Gebäude verheert. Der Brotfruchtbaum war von den Flammen getötet worden. Seine großen, schweren Blätter hingen braun, leblos herab.

Ich schaute hinaus über das Meer, zur Flußmündung und zum Riff. Dort in der Bucht sollte der Schoner liegen. Nichts.

Pat kam mir nach und sagte:

„Du erinnerst dich doch, daß Ocombe erzählte, sie seien nach Süden, nach Punto Abundo, gefahren. Es ist nicht zu erwarten, daß sie im Augenblick, wenn wir uns zeigen, hier sind. Aber sie kommen bestimmt, Maryann."

Pat versuchte zu lächeln. In seinem vom Bart überwucherten Gesicht wurde es zur Grimasse.

„Wir haben noch vier Patronen", bemerkte Vicente, der uns nachgekommen war.

„Es tut mir leid, daß wir sie nicht den Jägern gegeben haben", meinte Pat bedauernd. „Wir hier haben Kokosnüsse. Und beim Dorf finden wir wohl Yukas."

Ans Dorf hatte ich auch gedacht. Seine Bewohner waren noch nicht vom Stadtleben verdorben. Sie waren gewohnt, aus der Natur zu holen, was sie zum Leben brauchten. „Go bush", hieß es auf Pidgin-Englisch. „Go for shop." Und was sie fanden, würden sie mit uns teilen. Daß auf ihrem Yukaacker viel zu holen war, glaubte ich nicht, immerhin, ein paar Büsche würde es geben, die von den Elefanten und Gorillas verschont worden waren. Diese beiden Tierarten verwüsten immer wieder die Yukapflanzungen.

Aber warum sprach Pat davon, wir würden Yukas „finden"?

Hatte er vor, die Knollen zu stehlen? Dann ging mir auf, er fürchtete, die Eingeborenen würden nicht mehr im Dorf sein. Mir wurde vor Schreck ganz kalt. Wie, wenn die Dorfbewohner weggejagt worden waren? Oder umgebracht? Im Land herrschte ja Krieg . . .

Als ich Pat danach fragte, antwortete er nur:

„Wir können nichts darüber sagen, ehe wir dort waren."

Bald darauf machte er sich allein auf den Weg dorthin.

Inzwischen baute Vicente aus halbverbrannten Brettern einen Unterstand, denn wir erwarteten Regen. Bald darauf fing er tatsächlich an.

Pat kam zurück, er brachte große Bündel spröder Yukawurzeln mit Knollen daran. Als ich ihn nach den Eingeborenen fragte, antwortete er ausweichend.

„Das Dorf ist verlassen", sagte er kurz. „Es ist lange her, seit dort jemand gewohnt hat."

„Irgend jemand muß doch dort sein", wandte ich ein. „Es können nicht alle fortgelaufen sein."

„Nein, alle nicht", fuhr es aus Pat heraus.

„Du hast sie doch sicher gefragt, ob sie den Schoner gesehen haben", rief ich erregt. „Was haben sie geantwortet?"

„Wer — sie?" fragte Pat dagegen.

„Nun, die, die noch im Dorf waren."

„Die konnten nicht mehr antworten", murmelte Pat.

Plötzlich beugte er sich vor und bedeckte das Gesicht mit den Händen. Wir zogen uns zurück, denn wir wußten, er betete. Obwohl er gedämpft sprach, verstanden wir genug, um zu wissen, was die Worte bedeuteten: es waren die Gebete für die toten Seelen.

Auf einmal verstand ich vieles. Ich verstand, warum Vicente nicht gewollt hatte, daß ich über den freien Platz zu den Ruinen des Garnisondorfes gehen sollte. Ich verstand, warum plötzlich Geier hier waren. Und ich wußte jetzt auch, was die Hyänen getan hatten, als wir sie vom Flugplatz verscheuchten.

Meine Zähne begannen zu klappern. Ich packte Feliz, der mir am nächsten saß, und drückte ihn ganz fest an mich. Er war so lebendig, so gut! Feliz leistete keinen Widerstand.

Fieber

Wie oft während der Regenzeit klärte es gegen Abend auf. Wir versuchten, es uns im Unterstand bequem zu machen. Pat und Vicente schlugen für sich draußen auf dem Beton Pritschen auf und versahen sie mit einem Schutzdach gegen den Regen. Später holten sie von den Palmen jene Bänke, auf denen die Soldaten zu sitzen pflegten, wenn sie Wache hatten. Diese Bänke paßten einigermaßen in den Unterstand. Auf der einen sollte ich liegen, auf der anderen die Zwillinge. Ich schlief, kaum daß ich mich daraufgelegt hatte.

Tags darauf schien die Sonne, und der Urwald dampfte. Ich war spät erwacht. Vicente hatte schon einen Tisch aufgeschlagen und ihn mit großen Blättern aus dem Wald gedeckt. Auf den Blättern lagen dampfende Yukaknollen, die er in der Blechdose gekocht hatte. Der Tisch war nur zwei Fuß hoch, also brauchten wir keine Stühle. Wir setzten uns einfach auf den Boden. Vicente, die Zwillinge und ich aßen die gekochten Knollen und tranken dazu Kokosmilch. Pat lag auf seiner Pritsche und schien zu schlafen.

„Er schläft nicht, er hat Fieber", unterrichtete mich Vicente.

Fieber — also Malaria. Das wunderte mich nicht. Wir hatten im Urwald ja jede Nacht im Freien geschlafen, und natürlich ohne Moskitonetz. Malaria heißt in unserer Gegend einfach „das Fieber".

„Te fever", sagen die Eingeborenen.

Pat hatte es bös erwischt. Er fror, daß ihm die Zähne zusammenschlugen. Dabei hatte Vicente ihn mit der Soutane zugedeckt.

„Jetzt fängt er gleich an zu schwitzen", erklärte Vicente. „Dann noch eine halbe Stunde, und er hat es für diesmal überstanden."

Vicente behielt recht. Nur dauerte es länger als eine halbe Stunde. Pat stand auf, und der Schweiß lief ihm über das bärtige Gesicht. Seine Augen waren unnatürlich groß und starrten blicklos ins Leere. Er murmelte unzusammenhängende Worte. „Können wir gar nichts tun, um ihm ein bißchen zu helfen?" rief ich.

Vicente schüttelte den Kopf.

Ich konnte das nicht mehr ansehen, nahm die Zwillinge und ging mit ihnen zum Fluß hinunter, und am Ufer entlang zum Meer. Es war Ebbe, und wir wanderten auf dem Sand weit hinaus. Am Riff brach sich die Brandung mit dem alten, vertrauten Laut, der mich so oft in den Schlaf gesungen hatte.

„Seht ihr, dort draußen wird bald der Schoner auftauchen und uns holen", erzählte ich den Zwillingen. „Vater steht am Steven, und John bedient den Motor. Ocombe und Toto halten sich klar, um den Anker auszuwerfen. Mutter steht neben Vater und winkt. Mikael aber und Fatima, die beide so dick sind, stehen an der Reling und neigen sich darüber, und sie winken auch. Dann ziehen sie das Kanu ein, das sie im Schlepptau haben; sie steigen hinein, und dann paddeln sie herüber und holen uns."

„Und wohin gehen wir dann?"

„Wir fahren vorbei an Punto Abundo, und dabei müssen wir weit aufs Meer hinaus, um die Klippen zu vermeiden. Dann setzen sie Großsegel, Fock und Klüver, und wir segeln im günstigen Wind bis zur Stadt."

„Und wenn wir in der Stadt sind, was machen wir dann?"

Ja, was machen wir dann . . . Doch wozu den Zwillingen sagen, wie schrecklich ungewiß das alles war, und daß ich aus Vaters Verhalten zu erraten glaubte, es sei nicht sicher, ob wir im Land bleiben konnten. Also fabulierte ich weiter:

„In der Stadt wohnen wir alle zusammen in einem großen Haus, ich gehe wieder in die Schule, und ihr vielleicht auch." Ob die Schule noch stand? Krieg!

„Mag nicht in die Schule", rief Feliz.

„Mag nicht in die Schule, nein!" echote Daniel.

„Willst du lieber dein Leben lang dumm bleiben", fuhr ich ihn an. „Das sieht dir ähnlich."

Da brachen beide in lautes Geheul aus. Sie verzogen den Mund, daß man die weißen Zähne und das rosige Zahnfleisch sah, und brüllten aus Leibeskräften.

„Unsere Mammy ist tot", heulten sie. „Und wir wollen nicht in die Schule!"

„Ich habe euch doch gesagt, Fatima geht's gut", beruhigte ich sie. „Und jetzt hört sofort mit dem Gebrüll auf, sonst werde ich böse."

Das war das einzige Mittel, ihren Tränenstrom zu stoppen. Man mußte streng sein mit ihnen. Später konnte man sie wieder streicheln und liebkosen.

Wie ich so mit den Jungen dastand und über das Meer schaute, überkam mich das Gefühl völliger Verlassenheit. So ausgestorben wirkte die weite Fläche, so unendlich, so leer . . .

„Kommt, wir gehen wieder nach Hause", sagte ich zu den Zwillingen. Nach Hause! Wir hatten ja kein Zuhause mehr. Wir hausten in einem Unterstand aus angesengten Brettern. Mit einem Dach aus Wellblech, das vom Feuer verbogen war.

Doch wir gingen dorthin zurück. Was sonst hätten wir machen sollen? Pat schlief. Für diesmal war der Anfall vorbei.

Für diesmal, ja. Am nächsten Morgen war alles genauso schlimm. Und man sah, wie mager Pat geworden war. Am dritten Morgen lag auch Vicente, und beide hatten Schüttelfrost, daß ihnen die Zähne klapperten.

Es heißt, daß der dritte Anfall der gefährlichste ist — die Krise. Wenn man die übersteht, ist das Fieber nicht mehr lebensgefährlich.

Ich weiß natürlich, was gegen Malaria hilft. Chinin. Aber woher sollte ich Chinin nehmen?

Ich bekam Angst. Wenn beide stürben? Ich wagte den Gedanken nicht zu Ende zu denken. Pat sah aus, als würde er jeden Augenblick sterben . . .

Ich gehe ins Dorf der Toten

Man kann wohl sagen, daß wir von der Hand in den Mund lebten. Und jetzt ging es mit den Kokosnüssen und Yukaknollen zu Ende. Gewiß hingen die Palmen neben dem Exerzierplatz voll von reifen und unreifen Nüssen, aber wir sollten wir drei sie herunterbekommen? Die Palmen waren riesengroß, und Kokosnüsse hängen ganz oben unter der breiten Krone, dicht am Stamm. Für Vicente war es eine Kleinigkeit, hinaufzuklettern und welche herunterzuholen. Er ist groß und schwer, aber er klettert wie ein Affe. Jetzt aber hatte er Fieber. Wenn er nicht fror, daß ihm die Zähne klapperten, dann schwitzte er, daß ganze Bäche an ihm herunterliefen. Oder er taumelte umher und konnte sich kaum auf den Beinen halten.

Weder den Zwillingen noch mir gelang es, Nüsse herunterzuholen. Also mußten wir uns vorläufig an die Yuka halten.

Zur Yukaplantage der Eingeborenen waren es kaum mehr als vier Kilometer. Entweder ich oder die Zwillinge mußten hin und Knollen holen. Ganz allein konnte man die beiden Männer im Delirium nicht lassen.

Als ich den Jungen vorschlug, mit den Kranken allein zu bleiben, gerieten sie vor Entsetzen außer sich.

„Wir trauen uns nicht einmal, sie anzuschauen", schluchzten sie.

„Es ist so schrecklich, wenn sie sich aufsetzen und komisch daherreden."

Doch noch mehr Angst hatten sie davor, allein durch den Wald ins verlassene Dorf zu gehen. Als ich ihnen das vorschlug, wurden sie grau vor Angst.

„Dort sind lauter Tote", stammelten sie.

„Blödsinn", tat ich sie ab, doch mir wurde bei diesem Gedanken selbst schlecht. „Wer hat euch das eingeredet?"

„Vicente hat's gesagt", wimmerten sie. „Wir haben genau gehört, was er Pat erzählt hat."

„Vicente ist gar nicht im Dorf gewesen."

„Sie liegen überall am Weg", riefen sie schauernd, faßten einander an den Schultern, und es sah aus, als wollten sie sich wieder prügeln.

„Dann gehe eben ich", entschied ich. „Und ihr bleibt hier bei Pat und Vicente. Kein Widerspruch, und daß ihr gut auf sie aufpaßt, hört ihr!"

Ich nahm eine der Macheten und machte mich auf den Weg. Ich folgte den Spuren im Gras, die von Pat stammten. Ich schaute nur vor mich auf den Boden und ging ganz schnell. Bald war ich bei den Ruinen des Kommandantenhauses. Die Geier, faul und satt, saßen auf der Mauerkante. Keiner rührte sich, als ich vorbeiging.

Wie gut, daß Pat das hohe Gras niedergetreten hatte, da konnte ich seinem Pfad leicht folgen. Er führte auf den Flugplatz. Dort stand das Flugzeug genau wie an dem Tag, als wir gekommen waren. Jetzt im hellen Sonnenschein sah ich deutlich, daß es ein Wrack war. Es war nicht abgestürzt, sondern ausgebrannt. Alles war rußig und angesengt, ringsum das Gras verbrannt, und nichts wuchs jetzt dort. Nur die Lianen, die nichts zum Hinaufklettern hatten, krochen über die verbrannte Erde.

Pat war oft hier gegangen, als er Yukaknollen holte. Einer seiner Pfade führte zum Flugzeug, ein anderer ging im Abstand davon weiter.

Ich dachte an die Hyänen um die Maschine. Aber Hyänen sind dem Menschen nicht gefährlich. Sie sind Aasfresser und keine Jäger. Trotzdem packte ich die Machete fester und beschleunigte den Schritt.

Dann sah ich Reste von Kleidung. Es fuhr mir kalt über den Rücken. Gleich darauf sah ich ein Paar Stiefel aus dem Gras ragen. An dieser Stelle war Pat stehengeblieben, denn das Gras war stärker als anderswo niedergetreten. Mir fiel ein, daß in den Stiefeln wohl Beine steckten, und stürzte weiter. Schloß die Augen und rannte drauflos.

Um den Weg zu erreichen, der zum Dorf führt, braucht man

nicht den ganzen Flugplatz entlangzugehen. Der Flugplatz ist zwei Kilometer lang, aber nur hundert Meter breit. Ungefähr in der halben Länge zweigt der Weg ab. Am oberen und unteren Ende des Flugplatzes hat man den Wald gerodet, an den Längsseiten aber nur die großen Bäume, also ging ich die ganze Zeit neben einer grünen, dichten Mauer. Dort, wo der Weg abbog, sah es aus wie ein Torbogen im Grünen, denn da waren die Schlingpflanzen abgehauen, Gras und Buschwerk entfernt.

Ich ging hinein und erreichte bald Bäume. Nun ging ich im Schatten. Große Schmetterlinge umflatterten mich. Es war sehr still.

Ich hielt die Machete so, als wollte ich damit zuschlagen, doch das tat ich nur, weil ich Angst hatte. Obwohl die Angst grundlos war. Trotzdem hatte ich noch nie im Leben solche Angst, auch auf der ganzen gefährlichen Reise von Yongve hieher nicht. Hier nämlich, völlig allein in dem großen Wald, in der großen Stille der Mittagszeit und in der Nähe der Toten, fühlte ich mich verlassen, winzig und hilflos.

Ich traf nichts und niemanden.

Kurz vor dem Dorf liegt eine Kakaoplantage, doch sie hat nie getragen. Trotzdem hielten die Eingeborenen sie von wildwachsenden Pflanzen frei. Rings um die jämmerlichen Pflanzen lief ein Zaun aus Ästen und Reisig, nicht so sehr, um die Bäumchen vor Tieren zu schützen, sondern um die zu fangen, die sich durchzwängten. Überall im Zaun gab es Löcher, wo kleinere Tiere, manche Antilopenarten, Hasen, Stachelschweine und Schuppentiere durchkriechen konnten. Doch wenn sie das taten, war es ihr Tod. Denn bei jedem Loch war eine teuflische Falle versteckt: Fuchseisen oder Vorrichtungen, die dem Tier einen Speer in den Rücken jagten, wenn es den Auslösemechanismus berührte.

Ich erkannte aus den Spuren im Gras, daß Pat rings um die Plantage gegangen war und alle Fallen untersucht hatte. Ich aber lief nur quer drüber. Auf einem Pflock saß ein schöner, grau und weiß gesprenkelter Adler. Als ich mich näherte, breitete er die großen Fittiche aus und flog davon. Er war das einzige Lebewesen, das ich auf dem ganzen Weg zu Gesicht bekam.

Ich ging zu der Stelle, wo das Dorf gestanden hatte. Von den Palmhütten war nichts mehr zu sehen. Alle verbrannt. Doch war die Hitze hier nicht so stark gewesen wie beim Flugzeug, also waren die Graswurzeln nicht abgestorben. Hohes Gras bedeckte schon wieder die Stelle. Wenn ich an den Plätzen vorbeikam, wo eine Hütte gestanden hatte, schaute ich fest vor mich auf den Boden und auf Pats Spur, die kreuz und quer verlief, meist aber am Rand des Urwalds. Und weil ich nur auf meine Füße schaute, merkte ich nicht sofort, daß doch noch eine Hütte stehengeblieben war. Ganz am Ende des freien Platzes befand sich eine schöne, neue Negerhütte mit einem Dach aus Nipablättern, die noch grün waren.

Ich erschrak. Ich vergaß dabei auf meine anderen Ängste und ging hinein in das hohe Gras, das doch soviel Schreckliches bergen konnte. Ich war überzeugt, die Hütte sei neu. Und war sie neu, dann mußte ihr Erbauer irgendwo in der Nähe sein. Ich lief hin. Türe gab es keine. Ich schaute hinein. Mitten auf dem gestampften Lehmboden brannte ein Feuerchen. An der Wand war ein schwarzes Schwein angebunden. Und auf der Pritsche lag ein Mann.

„Ach!" sagte ich erstickt.

Er stand auf.

Zuerst hielt ich ihn für einen Weißen, denn sein Haar war nicht schwarz, sondern rötlich. Und die Haut hellrosa, fast weiß. Dann sah ich, daß die Augenbrauen ebenfalls weiß waren, und die Augen ganz hell. Der da saß, war kein Weißer, sondern ein Neger, aber ein Albino.

Der weiße Neger

In der Schule haben wir gelernt, ein Albino sei ein Mensch oder Tier, dem das Hautpigment fehlt, jener Stoff, das bei Sonnenbestrahlung vor den ultravioletten Strahlen schützt. Also muß sich ein Albino mehr vor der Sonne in acht nehmen als andere Menschen.

Obwohl ich genau weiß, was ein Albino ist, erschrak ich doch ein bißchen, als der Mann von der Bank aufstand und mich mit den blassen Augen ansah.

„Eine Weiße", murmelte er erstaunt. „Eine weiße Chica."

„Ja", flüsterte ich.

Und dann wünschte ich ihm in der Sprache der Pamuene Guten Tag. Er kam mit ausgestreckter Hand zu mir herüber. Er trug eine Art Toga aus geblumtem Kattun, Beine, Schultern und der halbe Oberkörper waren nackt. Ich starrte seine helle Haut an. Der Eingeborene lächelte.

„Wo du herkommen?" fragte er auf Pidgin-Englisch. „Du noch nicht groß, Missu."

Ich drückte ihm die Hand und erwiderte, ich käme von Punto Campo. Ich fragte, ob er meinen Vater kenne. Da lächelte und nickte er.

„Wir brauchen Yuka", erklärte ich ihm.

„Yuka?" Er lachte. „Hier viel Yuka."

Damit wies er auf ein Wandbrett, wo ein paar Knollen lagen.

„Da, nimm", sagte er freundlich.

Ich vergaß wohl, mich für die Knollen zu bedanken, so viele Fragen hatte ich zu stellen. Ich wollte wissen, ob er den Schoner gesehen oder von jemandem gehört habe, der ihn gesehen hatte.

Und ich wollte wissen, was aus den Dorfleuten geworden war, wie viele noch lebten, und wie es mit dem Krieg stand.

Er wußte nichts.

Er konnte mir nicht eine einzige Antwort geben. Er wußte weniger als ich. Ich wußte doch, daß die Söldner die meisten Dorfbewohner getötet hatten. Und dann fragte ich ihn, wieso er noch lebe. Da lachte er und sagte, Albinos würden nie umgebracht. Er deutete auf seine Haut, auf die hellrosa Handflächen, und lachte und lachte. Mehr bekam ich aus ihm nicht heraus. Ich nahm die Yukaknollen, die er mir gab. Wieder lachte er. Seine Zähne waren prachtvoll.

Er begleitete mich bis zum Ende des Waldes und trug mir das Bündel mit den Yukawurzeln. Doch weiter wollte er nicht mitkommen. Ich bat ihn, doch bis zu unserer Unterkunft mitzugehen und nach den beiden Kranken zu sehen, denn die Eingeborenen kennen Mittel gegen das Fieber. Doch er deutete auf das Flugzeugwrack und schüttelte den Kopf. Dann deutete er zur Sonne und hielt die Hände vor die Augen, um mir besser als durch Worte klarzumachen, wie weh ihm das Licht tat. Da verabschiedete ich mich von ihm und dankte ihm.

Wieder hatte ich Angst vor dem, was ich im hohen Gras finden könnte. Am meisten graute mir vor der Stelle, wo die Stiefel herausragten. Als ich dorthin kam, schaute ich starr vor mich hin und lief schnell vorbei.

Die Geier saßen nach wie vor unbeweglich auf der Mauerkante in der Sonne. Unten an der Stelle, wo einst unser Heim gewesen war, waren Daniel und Feliz damit beschäftigt, einer Kokosnuß, die von selbst heruntergefallen war, die Faserhülle abzuschlagen. Aber das ist nicht leicht. Ich ließ die Knollen fallen und half ihnen mit der Machete. Ich stellte mich nicht viel geschickter an als die Jungen. Es endete damit, daß wir es aufgaben und lieber die Yukas schälten. Pat und Vicente lagen wie leblos auf ihren Pritschen.

Wir knien im Sand

Es liegt nicht in meiner Art, mir etwas einzureden oder einzubilden. Doch jetzt schien mir plötzlich, ich sei mit Feliz und Daniel ganz allein. Pat und Vicente seien tot, und auf der ganzen, weiten Welt gäbe es kein Lebewesen als uns drei und den Albino.

Der Gedanke war so schrecklich, daß ich losließ, was ich in den Händen hielt, zu Pat lief und ihn schüttelte. Er stöhnte und schlug die Augen auf.

„Oh, oh", rief ich selig. „Ich dachte, du bist tot."

„Tot?" wiederholte Pat erstaunt. „Warum soll ich denn tot sein?"

„Oh, oh", flüsterte ich, und fing zu weinen an.

„Nun redest du dich selbst in Angst und Schrecken", tadelte mich Pat. „Ich habe bloß ein bißchen Fieber."

„Ich war im Dorf und habe Yuka geholt", berichtete ich. „Dort habe ich einen Neger getroffen."

„Einen Neger?"

„Ja. Einen weißen Neger."

Pat betrachtete mich forschend.

„Aha", sagte er bloß. „Wollen wir die Yuka kochen?"

„Ich habe einen weißen Neger getroffen", wiederholte ich. „Er hat sich eine Hütte gebaut. Ich konnte nicht herauskriegen, woher er kommt. Aber die Hütte ist schön. Und ein schwarzes Schwein hat er auch."

„Ja, sicher", murmelte Pat und strich sich über die Stirn.

Er stand auf und stolperte ein paar Schritte zu der Stelle, wo wir Feuer zu machen pflegen. Er taumelte.

„Ich fange wieder an zu frieren", stammelte er. „Ich friere jetzt ständig. Auch wenn ich schwitze. Gerade, wenn es am allerheißesten ist, friere ich am ärgsten. Ich muß . . . muß . . . muß etwas anzieh'n."

„Nimm deine Soutane", rief ich, lief hin und brachte sie ihm.

Pat zog sich das einst schwarze Priesterkleid über den Kopf. Er schwankte. Die Soutane war knöchellang. In dem dunklen Gewand wirkte er unheimlich lang und dünn.

„Ich friere trotzdem", stotterte er und seine Zähne klapperten. „Ich muß hinaus in die Sonne."

Er machte sich torkelnd auf den Weg zum Fluß.

„Pat!" rief ich ihm nach. „Geh nicht dorthin!"

Die Hitze am Ufer ist um diese Zeit entsetzlich. Buchstäblich tödlich. Die Sonne stand senkrecht über uns, und der Sand war so heiß, daß man sich nicht setzen konnte.

„Geh nicht dorthin! Nimm wenigstens etwas auf den Kopf!"
Er torkelte weiter. Auf der Pritsche vor dem Unterstand lag
Vicente wie tot.

„Pat!"
An einem so heißen Tag zwischen den beiden Regenzeiten ist
das Flußufer die ärgste Gegend, wohin man gehen kann. Die
Temperatur ist unwahrscheinlich hoch. Am Strand weht doch
immer ein Lüftchen vom Meer. Hier aber regt sich nichts.
Pat taumelte dorthin, wo Meeresstrand und Flußufer sich begegnen. Trotz seines Schwankens ging er rasch, fast im Laufschritt.
Die Zwillinge putzten die Yukas und steckten kleine Stückchen
roh in den Mund. Ich lief Pat nach, um ihn zurückzuholen, und
rief den Zwillingen nach, alles schön herzurichten, damit wir
Feuer machen und die Knollen kochen konnten.
„Ich glaube, ich muß erfrieren", stotterte Pat, als ich ihn am Arm
packte. „Übrigens — ich weiß genau, daß es das Fieber ist. Ich
friere nicht wirklich, es ist das Fieber. Aber warm wird mir trotzdem nicht, nie wieder wird mir warm. Gehen wir hinauf und
kochen wir die Yuka; du und die Kinder, ihr müßt ja Hunger
haben."
„Hast du keinen Hunger, Pat?"
Ich schaute hinauf in sein verheertes Gesicht. Der Bart reichte
ihm bis weit auf die Brust hinunter, das schwarze, verfilzte Haar
hing ihm über die Ohren. Aus dem Bart ragten die Wangen-
knochen wie zwei Knorren. Die Augen waren rot gerändert und
voll Fieber. Von Mutters Filmstar-Priester war nichts mehr
übrig, auch nichts von dem bärtigen, drahtigen Filmhelden
unserer ersten Reisetage.
„Ich — Hunger? Ich friere nur."
Er wandte sich, um weiterzugehen. Ich zog ihn an der Soutane,
um ihn zurückzulocken. Da hob er den mageren Arm im viel zu
weiten, schwarzen Ärmel und deutete mit der schmutzstarren-
den, zur Kralle abgemagerten Hand hinaus aufs Meer.
Unwillkürlich folgte ich der Geste mit den Augen.
Die Küste entlang, dort, wo der Strand sich zur Flußmündung
einbuchtet, kam ein Schiff gefahren.
„Der Schoner!"

Ich wollte es schreien — schreien — schreien! Schreien, damit alle es hörten. Doch ich bekam nur ein heiseres Flüstern heraus.

Es war wirklich der Schoner. In der Bucht. Voll aufgetakelt, und nun begannen sie abzutakeln. Ließen nur so viel Leinwand oben, daß sie steuern konnten. Jetzt sahen wir die Menschen an Bord. Der Anker fiel, die Kette rasselte, der Schoner drehte bei. Und wir sahen sie! Wir sahen Vater am Steuer, John und die beiden Boys, die die Segel bargen, Mutter und Fatima an der Reling, winkend, rufend. Der dicke Mikael kam unter der Klüver zum Vorschein.

Ich weiß nicht, was ich tat. Ob ich tanzte, ob ich winkte, ob ich lachte oder weinte. Ich weiß nur, daß ich zählte und immer wieder zählte, um festzustellen, ob wirklich alle da waren. Ja — ja — alle waren sie da! Jetzt zogen sie das Beiboot ein, das sie im Schlepptau hatten. Jetzt kamen sie, uns zu holen.

Pat stand immer noch da und deutete hinaus. Er sagte kein Wort. Vielleicht hielt er das alles für eine Fieberphantasie.